■ 地域研究講座

変わる東南アジア

危機の教訓と展望

慶應義塾大学地域研究センター＝編

白石　隆
金子　勝
友田　錫
藤原　帰一
リチャード・クー
河野　雅治

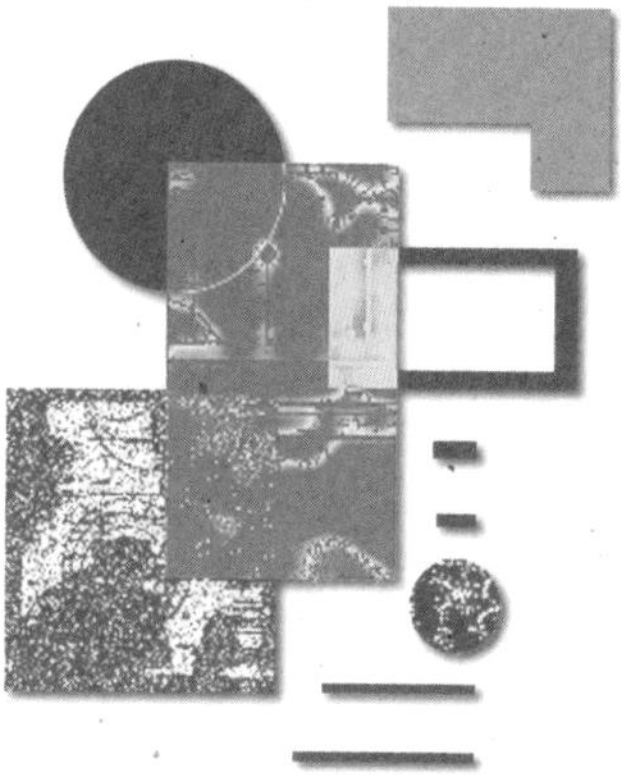

まえがき

本書は、慶應義塾大学地域研究センターが二〇〇〇年度の事業の一環として主催した、地域研究講座「変わる東南アジア—危機の教訓と展望」における一連の講演を収めたものである。はじめに、それぞれご多忙のなか快く講師役をお引き受け下さった諸先生に深く御礼申し上げたい。それぞれの分野の最先端を行く研究者および外交当局者の口から直接語られる分析は、毎回会場を埋め尽くした学生を中心とする聴衆に大きな知的満足感を与えた。

一九九七年のタイにおけるバーツ危機を契機として東南アジア一体に急速に拡大した一連の危機の前に、世界の注目を集めた「東アジアの奇跡」は急速に色あせた観がある。タイ以外にも拡大した金融危機は、アジア諸国経済の構造問題に原因があるのか、それとも先進国の投資家達の「無責任さ」の為せる業なのかといった、欧米対アジアの論争を惹起した。また、インドネシア等で金融危機が政治危機に発展すると、一部の欧米諸国では、アジアを突き放すかのように、「東アジアの奇跡」時代のアジア的価値論への反動的言説すら強まった。日本が長期的経済低迷の最中にあることもあって、「雁行型発展」の中核にあった「日本モデル」の終焉も声高に論じられた。

本研究講座は、こうした東南アジア危機後の情勢理解および分析視角を再検討することを目的として企画された。とりわけ、アジアに住む私達が拠って立つ足元を見定めることの重要性を意識し、危機の現場からみた視点を浮き彫りにしてみたいと願った。本書に収録されたそれぞれの講演は、主催側の問題意識に見事に切り込んでくれた。

「インドネシアの危機と東アジア地域秩序」（白石隆）は、東南アジア経済のダイナミズムがより広域の東アジア地域の形成に重要な役割を果たしてきたこと、東南アジア危機は市場のロジックを越えた地域政策の重要性を浮き彫りにしたこと、その一方で、インドネシアの場合にみられるように、国家が溶解するような新しい国内体制問題が今後長期化するであろうことを明らかにする。「国際金融危機と『ＩＴ革命』」（金子勝）は、アジア諸国が金融危機後のＩＴバブルに依存することの危険性に警鐘を鳴らし、後発国が市場で対抗していく上で市場原理主義批判に基づく地域戦略の重要性を説く。

一転して「インドシナ半島の新しい地政学」（友田錫）は、東南アジア諸国が一九九七年のＡＳＥＡＮ設立三〇周年に「ＡＳＥＡＮ10」の実現を図ろうとした矢先に危機に見舞われたこと、かろうじて九九年に実現した「ＡＳＥＡＮ10」の後発メンバーであるインドシナ諸国が逆境のなかで懸命に適応を試みていること、その結果インドシナ半島と中国をめぐる新たなパワー・

ゲームが生まれつつあることを明らかにしている。東南アジア諸国の民主化の内なる趨勢に着目する「民主化後の東南アジア―東南アジア政治体制の過去と現在―」（藤原帰一）は、多くの東南アジア諸国には手続きや制度としての民主主義はすでにかなりの程度確立していること、一連の危機を触媒として制度としての民主政治が理念としての民主政治へと変化する過程が始まりつつあることを明晰に論じる。

「アジア通貨危機の実態と教訓」（リチャード・クー）は、アジア金融危機の「現場」にいた立場から、危機の原因が円ドル交換レートと国際資本移動にあったことを論じ、アジアの構造問題を指摘する議論は、アジア危機を招いた国際資本と同様、アジア理解の不足を露呈していると主張している。「日本の東南アジア外交」（河野雅治）は、外交の現場感覚として一九八〇年代以降一〇年単位で東南アジアが日本に着実に接近してきたこと、その結果東南アジアを東アジアの重要な一部としてみなければならなくなっていること、そしてその文脈で今後日中関係の持つ比重が高まっていくであろうことを説く。

こうして六本のそれぞれに密度の濃い講演を振り返ってみると、そこには一定の共通のテーマが浮かび上がってくる。ひとつには、経済危機に触れる論考が、共通して、市場経済主導のグローバリゼーションの無慈悲な流れに対抗する地域的な対応の重要性を説いた。また、多くの論考の背景に経済と政治の不可分性が意識されている点も、もうひとつ重要な共通点であった。東南アジアをひろく東アジアのなかの一部として捉える視点も多くの講演に共有されていた。東南アジアに端を発する一連の危機は、はからずも、「東アジアの奇跡」の底流にあったアジアの真実を掘り起こしたのかもしれない。

最後に、地域研究センターの活動にご理解を賜り、深い思索を刺激する講演を準備して下さったのみならず、本書の編集にあたっても世界各地を飛び回りながらも協力を惜しまれなかった講師の諸先生に、改めて深謝する次第である。

二〇〇二年二月

慶應義塾大学地域研究センター
副所長　添谷芳秀

目次

変わる東南アジア

——危機の教訓と展望——

インドネシアの危機と東アジア地域秩序

白石　隆

一、はじめに

このシリーズのタイトルは「変わる東南アジア―危機の教訓と展望」ということですが、ここには二つ非常に大事な言葉が入っています。一つは、「東南アジア」という言葉であり、もう一つは「危機」という言葉です。実のところ、いま東南アジアが変わりつつあって、その中で危機が起こった。そこから何らかの教訓を引き出してくるということを考えるときに、それではそもそもここでいう危機というのは何だろうかということを考えてみますと、おそらく二つの問題があるのではないかと思います。

一つは、「東南アジア」という言葉にも示されますし、実際問題として、それが東南アジアなのか、あるいは、私のタイトルの方では「東アジア」と言っているわけですけども、東アジアなのか。そこのところは少し議論しなければいけないのですが、ともかく、この地域、つまり韓国、日本から台湾、それから中国の沿海地方、そしてさらにインドシナ、フィリピン、マレーシア、インドネシアというこの地域に何らかの地域的な秩序があり、そういう地域的な秩序が危機に陥った。ではそれはどういう危機なのかというのが、まず考えなければいけない一つの問題であり、もう一つは、そういう地域秩序の中で、日本には日本の国内的な政治、経済体制があり、韓国には韓国の政治、経済体制があり、インドネシアにはインドネシアの政治、経済体制がある、そこに問題があるということです。おしなべて起こった危機というのは通貨危機、金融危機、経済危機であったわけですが、そういう大きな地震があったときに、場所によっては、それでもって家が全く崩壊してしまった所もあれば、そうならないで、比較的軽微の損害で今回の危機を乗り切った所もある。

例えば、インドネシアのスハルト体制と言われたような政治、経済体制というのは本当に見事に崩壊してしまった。

実際問題として、私は、インドネシアが分裂してアジアのユーゴスラビアのようになるとは、いまのところまだ考えていませんけれども、必ずしもそういう可能性がないとも言い切れない、そのくらいひどい状態になりました。

それに対して、タイという国は、通貨危機の震源地ですけれども、政治体制は変わりました。新しい憲法が発効して、それで新しい政権の下で改革が行われている。しかし、インドネシアで起こったような社会秩序の崩壊のようなことは起こっていない。

あるいは台湾になりますと、通貨危機はほとんど影響を及ぼさずに過ぎていった。どうして国によってそれほどにも大きな違いが出てきているのか。あるいは逆に言うと、どうしてインドネシアではかくも惨憺たる有り様になったのか。これが第二の問題です。つまり地域秩序の問題と、国内的な政治、経済体制の問題、この二つの問題を考えないと、「変わる東南アジア—危機の教訓と展望」といったときに、どういう教訓を引き出せばいいのかということも、おそらくはっきりしないだろうと思います。

ということで、きょうは、地域のレベルで危機というものはどういうものとしてあらわれていて、それは、例えば日本にとってはどんな問題なのか。どういう教訓を引き出したらいいのかというのがまず最初に議論したいことです。

次に、国内的な政治、経済体制の問題。これは全ての国について話をすることはできませんので、ごく簡単にタイとマレーシアについて考えて、どうしてタイとかマレーシアに比べてインドネシアでは、かくも惨憺たることになっているのか。それはインドネシアの国家建設ということにとってどういう意味があるのかということと同時に、翻って、日本の地域政策、あるいは日本とアジアの付き合い方のようなものにとってどういう意味があるのかということを考える。そういう二段構えの考え方でお話をしたいと思います。

二、「地域」とは何か

まず最初に、地域システムの話ですが、おそらくここで一番大事なことは、「地域」とは何なのかということだと思います。普通、皆さんは、地域としての東南アジアということばを聞くと、まず地図を思い浮かべて、インドシナ、つまり、ベトナム、ラオス、カンボジアからフィリピン、さらにタイ、マレーシア、ビルマ、インドネシアのところを考えると思います。中国は入らない。台湾も入らない。オーストラリアも入らない。

では、そういう国々を東南アジアといって括るということにどういう意味があるのか。あるいは、もう少し一般的に言うと、そもそも「地域」というものはどういうふうに考えられるのだろうかということを考えてみますと、おそらく基本的には二つの考え方があるのだろうと思います。

一つは、何らかの共通性でもって一つの地域というものを決める、あるいは同定するというのが一つのやり方です。例えば、非常につまらない例を挙げますと、私よりも一世代上の日本の代表的なある東南アジア研究者は、「東南アジアというのは締まりのない社会だ」というふうな言い方をしたことがあります。言葉自身、品がないので余り好きではないのですけれども、その意味するところは、双系性の親族原理が東南アジアの地域では共通していて、それは、例えば、父系性の原理である東アジアの地域とは違うのだ、つまり親族制度というものでもって、あるいは親族制度の基本的な原理でもって地域というのを区別する、そういう区別の仕方です。しかし、これをやりますと必ずいくらでも例外が出てくるわけです。

オーストラリアの学者で、この人は優秀な人なので名前を挙げますが、アンソニー・リードという歴史家がいます。近代ではなくて近世、一四世紀から一七世紀ぐらいの東南アジアについて議論している人です。彼は、東南アジアというのを、“the region below the wind” つまり「風下にある地域」という言い方で定義しています。

これはどういうことかと言うと、モンスーンは一年の半分は北東から南西に吹く、一年の半分は逆の方向に吹く、その結果として、東南アジアの地域は中国とインドの間で帆船が往復するちょうど中継地になっている、そういう風下の地域なんだ、というのがリードの定義ですが、さてそれでは蒸気船の時代になってモンスーンが航海にとって重要でなくなったら、地域の意味はなくなるのかということになると、やはりそうではありません。つまり、何らかの共通の属性でもって「地域」を定義するというのはそう簡単ではない。

もう一つの「地域」の定義の仕方というのは、地域をこのようにある非常に安定した構造としてとらえるのではなくて、ある一つの地域が実際に一つのまとまった地域になっていくプロセスとして地域というものを考えましょう、という考え方です。これは地域を構造としてとらえるのではなく、プロセスとして、地域化、英語で言いますとリージュナライゼーションというものを考えようという立場であると言えます。

そうしますと、別に共通の特性などなくてもいいわけです。何らかの歴史的な経緯でもって、もともと別に一つの地域ではなかった所が次第、次第に地域になってくれば、ああ、ここには地域が成立してますね、ということが言える。

三、東南アジアという概念

東南アジアというのは、おそらくそういうやり方で考えたほうがいいだろうというのが、まず最初に述べておきたいことです。それはもう少し具体的に言えばどういうことなのか。「東南アジア」という言葉は、いまではもうごく当たり前の言葉になっておりまして、昔から「東南アジア」という言葉はあったという錯覚があるかもしれませんが、実際には、我々がいま使う意味での「東南アジア」という言葉は、一九四九年から一九五〇年頃に使われるようになります。

日本の場合には、明治時代に一度「東南アジア」という言葉が使われますけれども、これは大正の時代になると使われなくなります。このとき「南方」という言葉が「東南アジア」にとって代わり、第二次大戦が終わるまではずっと「南方」です。ところが一九四九年になって「東南アジア」という言葉が使われるようになる。どうしてか。

実は、「東南アジア」という言葉の起源はアメリカにあります。アメリカでは、あるいはもっと正確に言えばワシントンでは、第二次大戦後、このアジアの地域を、"China and its vicinities" つまり、「中国とその周辺」という呼び方をしておりました。中国があって、その周辺がある、それがアジアだ、そういう理解だった。

ところが一九四九年に、それでは非常に都合が悪いことが起こる。この年、中国が共産化して中華人民共和国が成立する。その結果、アメリカ政府は中国封じ込め政策を採用する。あるいは別の言い方をしますと、アメリカは、中国をアメリカがつくるシステムの一部として、新しい地域的なシステムをつくるのではなく、中国を排除してこの地域に地域的な秩序、あるいは地域的なシステムをつくることにする。そのときに「中国とその周辺」では都合が悪い。それでどうしたかというと、「中国とその周辺」の「その周辺」の代わりに「東南アジア」という言葉を使うようになります。このとき起こったことは少し別の角度から言いますと、次のようにも言えます。

かりに皆さんがアメリカの政策当局者、例えば、当時、ジョージ・ケナンという人が国務省のポリシー・プランニング（政策企画室）におりましたが、もし皆さんがそういう人だったらどう考えるか、歴史的想像力を働かしてください。

当時、アメリカはアジアにおいて基本的に二つの問題にぶつかっておりました。一九四九年に中華人民共和国が成立する。一九五〇年には朝鮮戦争が始まる。そのときに国際共産主義を封じ込めて、アメリカのリーダーシップの下に自由主義的な国際秩序というのをつくる。それにはどうすればよいか。これが第一の問題です。

そのときには日本が「自由アジア」の要にならざるを得ない。日本を復興させて、アメリカの同盟国にして、そして同時に日本が二度とアメリカに楯突かないようにしなければならない。つまり、日本を復興させて、日本が二度とアメリカの脅威にならないようにする、それにはどうしたらいいのか。これがもう一つの問題でした。

そのときに、「東南アジア」、あるいは「東南アジア」という言葉で指し示される地域が意味を持ってくるようになります。それはどういうことか。日本にとって中国は戦前はアメリカと並ぶ非常に重要な市場でした。ところが中国を封じ込めるためには、日本が中国市場に接近したのでは困る。それではアメリカの中国封じ込め政策が尻抜けになってしまう。

ではどうするか。日本は経済復興のために市場を必要とする。それなら中国の代わりに東南アジアを日本の市場にして、アメリカと日本と東南アジアの間で三角貿易のシステムをつくればよい、そうアメリカの政策当局者は考えました。これがすぐにうまくいったとは言いません。一九五〇年代には日本は賠償交渉の問題があって、なかなか東南アジアを日本の原料の調達先、あるいは日本の製品の輸出先にはできない。したがって、この時期、日本の経済発展に重要だったのは東南アジアではなくて、朝鮮戦争であり、アメリカ市場でした。しかし、それでもアメリカの政策当局者の方から見ますと、日本を経済的に復興させる、そのときに中国に代わる市場になり得る地域として東南アジアが意味を持ったということは言えます。

こういう議論がワシントンで、大体一九四九年頃から行われます。そしてこれに呼応して、日本でも一九五〇年になりますと東南アジアとの経済協力ということが言われるようになる。ちょうどその頃に、例えば外務省の中に「南東アジア」という課ができます。これは「東南アジア」ではありません。いまでもありまして、「南東アジア課」であって、「東南アジア課」とは言いません。これはもちろん、この言葉が英語の“Southeast Asia”の翻訳語であるからで、つまりはアメリカの持っていた地域概念を日本が輸入し、アメリカのアジア政策に日本が便乗して、日本の東南アジア政策、東南アジアとの経済協力が始まるようになる。

こうしてみれば、東南アジアが地域としてそもそも意味を持ったのは、東南アジアの政府にとってではない、もちろん東南アジアの人たちにとってでもない。そうではなく、ワシントンの政策当局者が、第二次大戦後、中国に中華人民共和国という政府が成立した後に、どういう秩序をこの地域につくったらいいのかというところで出てきた概念である、そして日本が戦後、アジアに戻っていく上で戻っていく先としてとらえられた概念なのだということは明らかだと思います。これがそもそもの東南アジアという概念のでき上がり方です。ですから、その意味で東南アジアというのは本来、アメリカをナンバー1、日本をナンバー2として構築された自由アジアという地域秩序のサブ・システムとして成立したと言えます。

しかし、話はこれで終わりません。このあとに大きな変化が起こるからです。それはどういうことかと言いますと、この地域システム、「自由アジア」の秩序の中から東アジアという地域が次第、次第にできてくる。

四、東アジアの成立

一九八〇年代以降の話です。「東アジア」という言葉には、歴史的に二つの意味があります。

その一つ、そもそもかつて中国を中心として成立した儒教文明圏を歴史家はしばしば「東アジア」と呼びます。そのときには日本、韓国、朝鮮、中国、ベトナムの地域が東アジアということになります。もう一つ、大体、過去一五年、きちんと調べたことがないので正確には言えませんが、おそらく竹下政権の頃から使われるようになった言葉として「東アジア」があります。このときには、この言葉は狭い意味での東アジアではなくて、韓国、日本から中国、それから台湾、それからずっと東南アジアまで含んだ広い意味での「東アジア」を意味するもので、例えば、世界銀行の報告書に言う「東アジアの奇蹟」と言うときの東アジアというのはこの意味です。

さてそれでは、この広い意味、新しい意味での東アジアというのは、どうやって成立したのだろうか。先程申しましたように、地域というのを何らかの共通の属性、あるいは共通点で定義したら、この東アジアは理解できません。しかし、何らかの理由でもって、そもそも別にまとまりのなかったところが次第、次第に地域としてのまとまりを持つようになる、そういう地域化のプロセスとして東アジアを考えるならば、過去一五年の間に東アジアが意味を持ってきたというのは、よくわかることだと思います。

ごく簡単に言いますと、いわゆる雁行型の経済発展、つまり雁が飛んでいくときには一羽が先頭にたって、そのあとにほかの雁が従って飛んでいく、そういうふうに、この地域の経済が日本を先頭にして、そのあとに韓国、台湾、香港、シンガポールのようなＮＩＥｓの国がつづき、さらにそのあとをＡＳＥＡＮの国が追いかける、そういった形で、それぞれの国が個別に経済的に発展していくのではなくて、一つの地域的なまとまりを持って経済的に伸びていく、そういうプロセスが遅くとも一九八〇年代以降、はっきりと認められるようになった。

どうしてそういうことが起こったか。これにはいくつか重要な理由がありますが、その一つの理由として日本の製造業が日本にとどまっていたのでは国際的な競争力を失ってしまう、それで生産拠点をほかの国に移し始める、同じように韓国、台湾の企業も、国際競争力を維持するために、労賃の安い所に生産拠点を移していくということがあり、そうした中で東アジアというものが次第に一つの地域としてまとまったかたちを持つようになってきたといってよいと思います。

東アジアにおいて日本はかつて一九五〇年代にはアジアの工場という位置づけをアメリカから与えられました。その日本が原料を東南アジアから輸入し、製品を東南アジアに輸出するというのが基本的な考え方でした。では一九八〇年代、九〇年代、東アジアが一つの地域として成立するようになったときなにが起こったのか。日本の政策当局者、あるいは企業の経営者たちがどういうビジョンを持ったかと考えると、おそらくそこには、アジアは世界の工場である、日本はそのアジアの工場を牽引していく、そしてそれでもってアジアが世界の成長センターになり、その中心である日本は、そういうアジアのきわめてダイナミックな経済発展の恩恵を受けると同時に、それをテコとして世界的な政治、経済のなかでさらに力を伸ばしていけるだろう、そう考えたと思います。一九八〇年代から一九九〇年代初めにかけての日本の非常な自信はそういうものの上に基礎付けられていった。

ところがそういう考え方、つまり、日本が中心になって、韓国も、台湾も、中国の沿海州も、香港も、東南アジアも巻き込んで、ここを一つの地域として引っ張っていく、そうやってアジアを世界の成長センターにする、そういった市場の力によっていれば日本の力はこれからも伸びていき、その行動の自由も拡大していく、そういうやり方ではやはり不十分だということが明らかになった、これがアジア危機のひとつの大きな教訓と思います。

それはどういうことか。あたりまえのことですけれど、地域が地域として次第にまとまっていく、そういう地域化のあり方には二つのロジックがあります。

一つは、いままで私が述べてきましたような市場のロジック、つまり市場の力によって地域が地域としてまとまりをもっていくプロセスです。

もう一つは、これはヨーロッパの場合ですが、政治的な意志によって自分たちはヨーロッパというものを一つの統合体として作り上げるんだ、そういう政治的な意志によって制度を作る、そしてそれによって否応なしに地域というものを作っていくというやり方があります。日本の政策当局は少なくとも一九八〇年代半ばから、今回の危機までは、市場のロジックに任せておけば自然に地域はできる、機構なんか作らない方がいい、そんなものを作ろうとすると、アメリカが警戒するから、できるものもできなくなる、そう考えていたと思います。

ところが今回の危機で東南アジアの経済がかつてのようなダイナミズムを失うと、地域化の進展そのものも頓挫してしまう。それだけではなくて、経済危機のなかでこれまで東南アジアに進出していた日本の企業も苦しくなる。

これはある日本の経営者の言っていることですが、例えば、自動車産業の場合、これまで二〇年以上かけてさまざまの部品産業を現地の企業家と共に育成してきた。ところが、そういう現地のパートナーが今回の経済危機で破産してしまって、これまで長年にわたって育ててきた企業がいま欧米の投資銀行によって取られている。気が付いてみると自分たちのパートナーが、いままで知っていた現地の企業家ではなくて青い目になっている。これは困る。これが一例です。ではどうすればよいのか。市場のロジックだけに任せていたのでは、どうもうまくいかない、それがわかったというのが今回の危機の一つの重要な教訓であります。

五、日本の地域政策の問題点

ではどうするのか。それがいま日本の直面している地域政策の問題です。つまり別の言い方をしますと、いままでは市場のロジックに従ってやっていれば地域はできると思っていた。そうすると、市場がうまく働くようなことだけしていればよい。だから経済協力をやるということだった。

例えば、工場を作ります。工場を作ると、それを動かすためのエネルギーが要ります。あるいは港湾施設が要ります。そうすると日本政府は、経済援助あるいは経済協力というかたちで、そういうインフラ整備のお手伝いをしましょうと言う。あるいは新しく日本の企業が進出しますと、当然のことながらエンジニアが要ります。そうすると人材を育成しましょうと言う。あくまで市場がうまく働くようにその手助けをするというのが日本の経済政策だったわけで、政治的意志によって制度を作るということは考えておりませんでした。ところがどうもそれではだめだということがわかった。

ではどうするか。当然のことながら制度を作ろうとします。どういう制度を作るか。いま問題になっているのは、おそらく三つぐらいあるのではないかと思います。

一つは、非常に単純な話ですけれども、日本にとって重要なアジアの地域というのは東アジアです。韓国、台湾から東南アジアにいたる東アジアの国々が安定し、繁栄し、これらの国々の市場が大きくなるということが日本の利益です。そういう経済発展を達成するにはあたりまえのことながら通貨が安定しないとやはり困る。経済危機が起こるまで、日本政府は円とドルの為替レートの変動に非常に敏感でした。為替レートが日本の企業、ひいては日本の経済に大きなインパクトを与えるからです。ところが通貨危機まではそういう円・ドルの為替レートの変動が、例えば東南アジアの国々の経済にどういう影響を及ぼすのかということにはあまり注意を払わなかった。

それがたいへん重要な問題だということが今回、わかってきた。だから当然のことながら、マクロ経済政策の協調、そのためのモニタリング・システムの構築が始まりました。その先になにがあるかと言うと、どういうかたちになるかはまだ明らかでないけれども、やはり長期的な投資の安定性、あるいは予測可能性を高めるために、通貨の何らかの安定的なメカニズムというのを作ろうということになるのだろうと思います。

ということは、もう少し具体的に言いますと、アジア通貨基金というのが自然とこれからの課題になるということです。実際、一九九七年に日本政府はアジア通貨基金を作ろうとしました。しかし、このときには、アメリカとＩＭＦと中国の反対でできませんでした。しかし、おそらくそれほど遠くない将来、これを作ろうという動きが出てくるだろう。そういう制度づくりが東南アジア、あるいはもっと広く東アジアの経済的なダイナミズムを保障していく上でカギになるからです。

もう一つは、通信です。これはどういうことかと言いますと、先程申しましたように、地域というのは何らかの共通性によって、なにかそこに地域がある、そういう話ではありません。そうではなくて、地域というのはそもそもそういう地域的なまとまりのなかった所で、例えば、日本の製造業が生産拠点を移すことで次第に地域としてまとまってくる、そういうプロセスです。

そうであれば、そのような力を働かせてやることによって、いま現にできつつある、この東アジアという地域をもっと地域にしていくこともできるはずである。

通信でそういうことが起こるだろうということです。例えば電話です。いま、日本の携帯電話はシンガポールでは使えません。一方、シンガポールの携帯電話はシンガポールでも、マレーシア、インドネシアでも使えます。香港の電話は香港でも使えます、中国でも使えます。そうしますと、ここを全部共通に使えるようにすれば、通信のレベル、つまり情報伝達のレベルで地域化を推進する新しいメカニズムができることになる。そういうかたちで、例えば、通信の分野で、かつて一九八〇年代後半から九〇年代初めの製造業に代わる、もう一つ新しい地域化のエンジンのようなものを取り付けることができる。それでもって地域を進展させていく。そうやって地域化の進展しているなかであれば同時にそれを制度化していくようなメカニズムも作りやすいはずである。

したがって、いまこの地域で起こっていることは、ごく簡単に申しますと、いままで日本の地域政策には地域を作るという発想はほとんどなかった。市場が地域を作る、それでよい、と思っていた。しかし、その結果、地域がそれなりにできて、この地域のありさまが日本の利益にさまざまに影響を及ぼすということになると、やはり地域をもっとはっきり構築し、安定させなければならないということになった。その転機になったのが今回の危機だろうと思います。

ただし、この問題は単に地域だけの問題というふうには言い切れません。それはどうしてかと言いますと、最終的には、東アジアの国々の経済的な発展、あるいは政治的な安定というのは、結局のところそれぞれの国の国内的な政治体制、経済体制、社会体制に関わってくるからです。

では、そのときに今回の危機でそういう国内政治体制、あるいは国内経済体制のレベルでどういう教訓が引き出せるだろうかというのが次の問題です。

六、三国の政治、経済体制

まず最初に、東南アジアの三つの国を簡単に見てみます。タイと、マレーシアと、インドネシアの三国です。一九九七年七月、バーツの切り下げで通貨危機が始まって以降、この三つの国でなにが起こったか、ちょっと思い出していただきたいと思います。

まずタイは、バーツが対ドルレートで三〇％～四〇％と落ちます。その結果、政権が倒れます。ついで、新しい政権の下で憲法が改正されて、選挙が行われ、政権が安定し、経済改革が行われます。もっともそれで危機の克服が順調に進んだということではなく、例えば金融セクターの再建というのはまだ十分には行われておりません。しかし、政治システム、経済システムは基本的に安定しました。

その結果、インドネシアで起こった反華僑暴動のようなものは一切起こっておりません。略奪なども一切起こっていません。しかもタイは、もちろんいろいろ文句は言いますけれど、基本的にはＩＭＦの優等生になっております。

マレーシアはどうか。マレーシアでは、マハティール首相とアンワル・イブラヒム副首相が経済政策を巡って対立しました。マハティール首相は、こういう経済危機、通貨危機のなかで国をオープンにしていると短期の資本がどんどん逃げていく、だから、資本の流出入を規制しなければいけないと考えます。

これに対しアンワル・イブラヒム副首相は、むしろタイと同じようにＩＭＦと、それからアメリカ政府財務省の言うことを聞いて、資本市場をできるだけオープンにして、それで国際市場の信任を得ることによって危機の乗り切りを図ろうと考えました。

この二つの路線の対立が九八年九月の政権の分裂、それからアンワル・イブラヒムの逮捕、それからマレーシアにおける資本流出入規制ということになります。

では、そこでなにがそもそも問題となっていたかと言いますと、マレーシア社会の根幹に関わることが問題になっていた。どういうことかと言いますと、マレーシアというのは大きく三つの民族からなる人口二千七百万人ぐらいの小さな国です。そのうちマレー系の人たちというのが、大雑把に言いまして五五％。中国系の人たちというのが三七、八％。残りがインド系、また一人当たり国民所得で見ると中国系の人たちの方がマレー系の人たちよりも少し豊かというかたちになっている。ですから、マレーシア政府はともかくマレー系の人たちの所得を上げる、そのためにいろいろ優遇政策をする。しかし、そういう優遇政策によって、富の分配がゼロサムゲームになって中国系の人たちが犠牲になれば、中国系の人たちはやはり黙っていない。だから、ともかく経済成長をやって、人口の増加率が二％弱ですから、経済成長率が三％を超えていれば、パイがどんどん大きくなりますから、かりにそのうちのより多くの取り分をマレー系の人たちに回しても、中国系の人たちも一応我慢できる。その意味で経済成長率を三%以上ぐらいに維持する、これがマレーシアの政治において決定的に大事な条件となっております。

もう一つ、中国系の人たちは豊かです。中産階級が多い。マレー系の人たちというのは、農民、あるいは漁民が多い。その人たちを中産階級にして盛り上げねばならない。どうするか。中産階級を作るのに一番単純な方法、これは実際にマレーシア政府がやったことですが、国家が国営企業を作り、例えば土木建築の分野の公共投資は全部この国営企業にやらせる。そうすると国営企業は当然のことながら儲かります。その国営企業を民営化して、その株をマレー系の人たちに安くゆずれば、そういう人たちは株を所有し、それでその株が上がっていけば、中産階級として豊かになっていく。こういうかたちでマハティールは、マレー系の中産階級というものを作ろうとしてきました。

ところがこのやり方だと、株式市場が下がるとだめになります。ですから、株が上がっていかなければならない。では九七年の通貨危機のあとなにが起こったか。

まず第一に、経済成長率がマイナス一%に落ちます。先に述べましたように、経済成長率が三%以上ぐらいあれば、人種間あるいは民族間の対立はそれほどひどくならない。しかし、経済成長がマイナスになりますと、民族間の関係はやはり緊張します。ひょっとしたら暴動が起こるのではないか、そういうことを政策担当者は怖がるようになります。さらにまた危機のなかで株価が半分になります。そうするとマレー系の人たちは、いままで自分たちは中産階級として豊かになっていると思っていたのが、株価が半分になると、急に貧しくなったように感じて、やっぱり今の政権ではだめなのではないかと思い始める。

そのときに、こんなことをしていたら政権はもたないと考えたのがマハティール首相であり、マレー系の人たちはそんなに愚かではない、危機が一年ぐらい続いてもマレーシアの安定はゆるがないと考えたのがアンワル・イブラヒムだった。その結果、最終的には、ともかくマレーシアの経済を一度は世界経済から閉じることによって、経済成長率をもう一ぺん上げ、株価を上げるということをやったのがマレーシアの経済運営です。これによってマレーシアは社会不安を回避することができました。ですからタイと同じようにマレーシアも政治危機があり、デモがありましたが、暴動は起こりませんでしたし、略奪のようなことも起こらなかった。もちろんジャカルタの反華僑暴動のようなこともおこらなかった。しかし、タイと違ってマレーシアの政府は国際的な市場の信頼は失ってしまいました。

ではインドネシアはどうか。インドネシアは、ご承知のように崩壊します。崩壊するというのはどういうことかと言いますと、単純にこう考えたらいいと思います。まずはじめにスハルト体制があった。これは、ともかくきわめて強権的に政治的な安定を軍隊を中心にしてつくり上げました。文句を言う者がいたら、相当殺しましたし、殺さないまでも拘禁した。そうやって政治を安定させておいて、そこで中国系の資本、あるいは外資に経済活動をやらせて、経済発展を達成した。経済が次第に発展すると、国民の生活はよくなる。国民の生活がよくなると、国民は少しぐらい政治的に不自由でも生活がよくなるから、まあいいかということになるので、政権はますます安定する。ですから、その意味で政治の安定、経済の発展、国民生活の向上、政治のさらなる安定、こういう好循環が働いて、それでスハルト体制というのは三〇年間もった。ところが経済危機になりますと、それが国民生活の低下をもたらし、それが社会不安をひき起こし、社会不安は政治的な不安をもたらし、政治危機は経済をますます悪くする。ということで、今度は悪循環が始まって、その結果、スハルトは退陣を余儀なくされた。

では、そういうなかで、いまどういう新しいシステムができているのか。一般的にはこのプロセスは民主化ということで理解されております。しかし、実のところ、これが適切な理解かどうかは相当に怪しい。

例えば、一九九八年の五月、スハルト退陣のあと、なにが起こったのか、思い起こしていただけるといいのですが、まず最初にハビビ政権ができまして、政党に関する法律であるとか、選挙についての法律であるとか、議会の構成についての法律であるとか、出版、言論、集会についての法律であるとか、こういうものを改正して政治の自由化をやります。そのあと九九年六月に総選挙をやる。この選挙はインドネシアの歴史上最も自由で公正な選挙として行われます。そのあと九九年一〇月に大統領選挙があって、ハビビは不信任投票可決で大統領選出馬を断念し新しい大統領としてアブドゥルラフマン・ワヒドが選出されます。このようにたしかに民主化は進みました。しかし、同時にもっとたいへんなことが起こっている。

それはなにかと言いますと、先程から申しておりますように、例えばタイでは、経済危機が起こったあと、もうこれまですでに三年近く、ともかく一度も、例えば反華僑暴動というものは起こっておりません。略奪も全く起こっていません。ところがインドネシアでは、おそらくもう誰も覚えられないくらい頻繁に反華僑暴動が起こり、略奪が起こり、土地の強制占拠があり、例えばカリマンタンのサンバスでは民族対立によって数千人の人が殺され、また宗教対立でアンボン、マルク諸島で数千人の人が殺されている。つまり、一方で確かに政治のシステムは民主化しているのだけれども、同時にそれを支える社会秩序そのものは明らかに崩壊している。

七、社会秩序の崩壊

ではどうしてそういうことが起こっているのか。これを考えるために、まずインドネシアの人たちがこれをどういうふうに説明するかを見てみますと、大きく二つのやり方があります。

一つは、こういうふうにしていろいろな所で、暴動だとか、略奪だとか、殺し合いだとか、起こっているけれども、これは全部陰謀である。旧体制の指導者、具体的に名前が挙がるのはスハルト、あるいはスハルトの娘婿であるプラボウォといった人たちですが、こういう旧体制を何とかして守ろうとする人たちが、場合によっては軍を使って、場合によってはヤクザのような者を使って、ともかく民主化のプロセスに抵抗しているのだ、こういうのは全部陰謀だというのが一つの説明です。

私はこれが全く誤りだとは言いません。例えば、アンボンの宗教対立は、一九九八年一月に始まっていますけれども、当初、ジャカルタから送り込まれたヤクザがいろいろやった形跡があります。どうしてそういうことが起こったのかわかりません。けれども、インドネシア人が〈隠れた力〉とか〈闇の力〉といった言葉で表現するような勢力が社会秩序そのものを脅かしている側面は間違いなくある。

もう一つの説明は、これは非常に単純な話だ、宗教が違い、民族が違うから当然のことながら対立する、こういう説明です。しかし、これではついこの間まで起こらなかったのはどうしてかという説明にはなりません。こうしてみると、実はインドネシア人自身はどうして社会秩序がかくも解体してしまったのかをうまく説明できないでいる。これをどう説明するか。本当のところなにが起こっているのか。

まず例を二つ挙げます。

一つはロンボック島の例です。もし皆さんのなかにバリに行った方がいらしたら思い出していただきたいのですが、バリのもう一つ東側にあるのがロンボックという島で、ここは最近ではかなりのツーリスト・リゾートにもなっています。実際、珊瑚礁などは、バリよりロンボックにきれいな所がある。ここで二〇〇〇年一月に二日間にわたり、ものすごい暴動がありました。ロンボック島は人口が大体二百万人、そのうち、イスラム教徒が九〇%を占めている所です。ここでキリスト教徒というのはわずか〇・八%にすぎません。ところが島にあった教会七つがすべて焼かれました。

どうしてこういうことが起こったのか。どうもこういうことがあったらしい。これはインドネシアのほかの所でもそうなのですが、ロンボックの町でも治安維持のための自警団、あるいは夜回りのグループがあります。日本ですと一昔前には、「火の用心」などと言って、夜になると回っていくようなことが地方ではありましたけど、同じようにインドネシアではいまでも、村であるとか、小さい町では夜になりますと、どろぼうが入ってこないようにということで、若い連中、年齢から言うと十代の後半から二十代の前半くらいの、普通はまだ結婚していない男たちが、外で何となく集まって、ドミノで遊びながら、あるいはトランプゲームなどをしながら、夜うつらうつらしたり、起きたりしながら、隣近所の番をします。そういうグループに、一九九七年の前半、つまり通貨危機が始まる前で、ロンボックの島では大体五千人くらいの人が入っていた。

ところが経済危機になって、どろぼうが増えました。なにを盗むかというとオートバイ、テレビです。オートバイというのはインドネシアでは相当の財産です。オートバイを盗んで、それを闇で売り払ってしまうと結構のお金になるので、オートバイの窃盗が非常に増えます。そうすると盗まれたほうは何とかして取り返したい。インドネシアでは警察に捜査費用を持っていきます。そうしないと調べてくれません。なにがしかのお金を持って警察に行って、オートバイを盗まれたから、ともかく見つけて取り戻してくれと言う。ところがそういう犯罪が増えるものだから、警察は金だけ取ってなにもしない。それでは困る。そこでオートバイを盗まれた人たちは、通貨危機が始まって次第にそういう事件が多くなる頃から、夜回りのグループを指導しているようなイスラムの先生の所にお金を持っていって、なんとかして盗まれたオートバイとか、テレビだとかを取り返してくれと頼み込む。そしてこういうグループが実際、どろぼうを捕まえる。

その結果、九七年の前半に五千人ぐらいしかいなかった夜回りのグループ、あるいは自警団のグループが、二〇〇〇年の一月ぐらいになりますと、人口二百万人の島で二二万人にまで膨れ上がる。つまり一〇人に一人ぐらいがそういうのに入ってしまう。そして過去二年の間に数百人の人たちがどろぼうということでリンチされて殺されました。これは本当にどろぼうかどうかわかりません。けれどもともかく盗んだと思われる人をつれてきて、みんなで寄ってたかって殴って殺してしまう。同時に盗まれたオートバイやなにかは取り戻す。こうして二〇〇〇年一月ぐらいになりますと、警察も軍隊もこういうグループにもう全く手を出せない。それどころか逆に、例えば、警察官は給料などたかだか一週間食えるか食えないかですから、そういう自警団に入って、そこで、その土地、土地の実力者として、そちらからお金をもらうようになってくる。ではこれはなにを意味するか。

八、国家機構の溶解

ジャカルタにおりますと、たしかに大統領官邸にはアブドゥルラフマン・ワヒドという人がいて、彼を首班とする政府があり、国防大臣がおり、国防大臣の下に警察長官がいて、その指揮下、各州には州の警察長官、各県には県の警察長官、また各郡には郡のお巡りさんがいることになっております。しかし、実のところ、例えばロンボックの島では、この一見、紙の上ではあるはずの警察の機構がどこかでなくなって自警団に化けている。同じことが、軍隊についても言えます。

もう一つの例は中部ジャワの例ですが、ここではこういうことが起こっています。中部ジャワのソロ、これは私が数年に一回は行って、過去二〇年くらい見ている町です。インドネシアでは庶民の交通手段はバスです。例えば、ジャカルタから中部ジャワに行くとか、あるいは、そのうち元気のある人はやると面白いと思いますが、バリに行って、バリからジャカルタに行く、飛行機に乗らずに、バスで行くんです。バリからジャカルタまで大体二晩で行きます。中部ジャワからジャカルタですと一晩です。そういうバスのターミナルには、いっぱいダフ屋がいるわけです。普通に切符を買おうとしてもなかなか買えない。しかし、そういうチンピラに正規のバス料金の倍ぐらいの金を渡すと、ちゃんといい席を持ってくる。そういう連中がいっぱいおります。その親分が今度ソロの町の市長さんになりました。何でそういうことが起こるのか。

これはものごとを非常に単純化して言うのですが、例えば中部ジャワの場合、一つの県の人口は大体百五十万人くらいあります。そこに警察官はどのくらいいるかというと、日本の場合ですと、大体、人口五百人に一人が警察官ですから、日本と同じなら、百五十万の県で三千人くらいの警察官がいなければなりませんが、インドネシアの場合には人口三千人に警察官一人しかおりません。ということは百五十万の町で五百人しか警察官がいない。そうすると、少し考えればわかると思いますが、五百人の警察官で百五十万の人間をコントロールできるはずがない。ではどうするか。

一つは、先程申しましたような夜回り、あるいは自警団のグループに頼る。

もう一つは、こういう自警団というのは、これはそれぞれの庶民の住んでいる地区が安定しているときにはよい。しかし、例えば市場のような所では自警団はうまくいきません。そういう所ではどうするか。ヤクザに仕切らせる。つまり、ヤクザに、例えば、売春であるとか、賭博であるとか、麻薬をやらせる。そのかわりにあるグループだけがやるようにする。ほかのグループは一切、その連中を使って排除してしまう。当然のことながら、そうやってヤクザが、例えば売春からいろいろな上がり、あるいはバスのダフ屋から上がりを取ると、その一部が警察だとか、軍のほうにも入る。そういうふうなシステムをつくる。こういう組織をスハルト時代には軍、警察が握っていたわけです。つまり、上の将校の所にちゃんとお金が上がるような、軍、警察にも、ヤクザにも都合の良いシステムをつくっていた。

ところが通貨危機になって、ともかく現金が一番ということになりますと、実は将校よりも下士官で現にそういうヤクザを仕切っているような軍人の方が強くなる。その連中が、先程のロンボックの例にも見るように、もうあまり上の言うことを聞かないで、自分の仲間であるような、ほかの本当のマフィアの連中と組んでいろいろなことを始めると、その連中が力を持ってくる。そういう連中が政党政治家として現れてくるということが、例えば中部ジャワで起こっている。

だから、実際のところなにが起こっているかというと、いろいろなかたちでそもそも国家の機構が、いわば溶解していって、その結果場所によってはそれがマフィアにとってかわられる。そしてマフィアが、政党政治家のような顔をして地方を仕切るようになり、またある地域ではイスラムの先生がそういう自警団のような者を指導して、地域をコントロールするようになっている。ということは、要するに政府はあるけれども末端の所で国家が本当に溶解しているということを意味します。

九、アジア政策の根幹

では、それはどういうことなのか。先程から私は、政府と国家というのを区別して使っています。これはどういうことかと言いますと、例えば、ビルマの初代の首相でありますウー・ヌーという人に『土曜日の子』という非常に面白い自伝がありますが、その中でウー・ヌーは、政府を運転手、国家を自動車に譬えております。つまり、国家というのは一つの機構、あるいは組織である。それは自動車のようなもので、いくら運転手がよくても、自動車がだめだったらやっぱり走れない。そういう自動車を国家と考えますと、タイの場合には国家はしっかりしていた。だから、別に通貨危機になっても政権が替わって新しい運転手が政権の座に着けば、つまり自動車の運転手になれば、そのときに改革が始まった。社会的にも安定していた。だから暴動も起こらなかった。

マレーシアも同じように、国家はしっかりしていた。だから、世界市場の信頼を失っても、ともかく国内的には政治、経済秩序というのが維持できている。

インドネシアでなにが起こったかというと、単に政府が崩壊したのではない。国家そのものが崩壊した。あるいは末端の所で崩壊しつつある。それをどうやって立て直すのかというのが、今、最大の問題となっている。

今回の危機を考えるときに、実は一番最初に、大きく二つのレベルで考える必要があるだろうと申し上げました。その一つは、地域のレベルであって、もう一つは、それぞれの国の国内の政治、経済体制のレベルの問題だというふうに申しました。地域のレベルでは、日本がやるべきこと、あるいはやりたいこと、あるいはやったほうがいいことというのは、これはかなりはっきりしています。日本の製造業は、もうすでに東アジアという日本よりも大きな地域に埋め込まれてしまいました。日本の国民的福祉は国際的に競争力のある日本の製造業に依存している。したがってまさに日本の国民的利益そのものがいまではもう東アジアを枠として考えないといけない、そういうところまで一九八〇年代から九〇年代の東アジアの経済発展で行ってしまった。だから、これから先、日本は地域政策としては、この東アジアという地域がもう一度経済的に活力を持つようにいろいろなことをしなければいけない。それを市場のロジックだけに頼っていると、またいつどき危機になるかもしれないので、そういう危機に対応できるような制度づくりをしなければいけないというのが、地域のレベルで日本がやることである。これはかなりはっきりしております。

ところが、そういうことをいくらやっても、やっぱりだめになるかもしれない。それはなぜかと言うと、今回の危機で明らかになったもう一つ重要なことというのは、国によっては我々がほとんど当然のこととして前提に置いていた、国民国家の安定性ということが必ずしもそれほど自明のことではないということが明らかになったからです。それはインドネシアの場合に非常にはっきりしている。

国家が崩壊するというのは、実はそれほど珍しいことではありません。例えば、アフリカではいくらでも国家は崩壊しています。それから、東南アジアの地域でもカンボジアは相当長期にわたって崩壊状態にありましたし、ビルマも一見強そうに見えますが、なにかあるとおそらく簡単に崩壊してしまうと、私は考えております。その意味で国家というのはいくらでも崩壊するものなわけですけれども、どうもそれがひょっとしたらインドネシアで起こるかもしれない。インドネシアで起こりますと、そのときには残念ながら東南アジアの安定というのは確保できないだろうということです。

ではなにかできることはあるのか。現にいまロンボックでは自警団がどんどん増殖して、警察官とか、軍人がそういう自警団に組み込まれてしまっている。だから、国家は国家として何の力も持っていない。あるいは中部ジャワの場合には、国家の機構がマフィア化している。そういう所で、我々はなにができるのかと言いますと、ほとんどやれることはない。唯一やれることは、かりに経済が回復すれば、もう一ぺん国家の威信も回復すると祈るしかない。しかし、そういうことにはおそらくならない。

ところが日本はそういうところにずいぶん入れ込んでおります。

インドネシアだけで申しますと、九九年から二〇〇〇年にかけて、インドネシア政府は金融セクター再建のためにＧＤＰ（国内総生産）の約五〇％相当の債券を発行しました。インドネシアの現在の金利は大体一〇％です。ということは、金融セクターの再建、日本でも公的資金の注入ということをやりましたが、同じように公的資金の注入をして、金融セクターの再建をやろうとしているのですが、そのために債券を発行し、その金利の支払いだけで、今、ＧＤＰの五％の支払いが出ている状態です。では財政はどういう状態になっているか。インドネシアの国家の税収入はＧＤＰの大体一〇％です。インドネシア政府の支出は、そういう債券の金利の支払いやなにかを全部入れますと、ＧＤＰの大体一五％です。つまりＧＤＰの五％の赤字が出る構造になっていて、そのＧＤＰの五％の赤字というのは基本的にどこからくるかというと、金融セクター再建のために発行した債券の金利の支払いから出ています。ではその五％の赤字をどうやって埋めるのか。大体半分くらいは国際的な援助です。こうして日本政府は二〇〇〇年で約二千五百億円出しています。これはインドネシアの政府の赤字の補てんになっているわけです。

こうしてみますと、我々にとって、実はインドネシアの国家が今、崩壊しつつあるというのは、決して他人事ではない。我々はそういう、ほとんど溶解しつつあるような国家に二千五百億円ぐらいのお金を毎年出しているわけです。こういうものをこれからもずっと出し続けるのか、それとも、どこかで、もうこれはだめだということで損切りするのか、それをどこかの時点で決めなければいけない。しかし、それをやるということは、場合によっては、先程言いましたような東アジアという地域を一つの世界の成長センターにして、そのいわば中核として日本がこれから力を持っていく。そういう戦略そのものを、おそらく諦めることにもなるのだというのが、今のインドネシアの危機と東アジアの地域秩序の一番重要な問題になっているというふうに言ってもいいのではないかと思います。

少し込みいった話になりましたが、私が、今日の講義のタイトルを「インドネシアの危機と東アジア地域秩序」というふうにしたのはその意味で、インドネシアの危機というのは単にインドネシアの問題ではない。本当に我々の懐に直接響いてくる問題であり、またこれから二〇年、三〇年といった長期の日本のアジア政策、あるいはアジア戦略の根幹に関わる問題なんだということを申し上げたいと思います。

ほぼ時間もまいりましたので、ここで一応私の話は終わりにしまして、質問があったらお答えしたいと思います。どうもありがとうございました。

(Q) マレーシアの経済政策に不安はございませんか。

(A) 非常に難しい質問です。私は楽観しておりません。現在のマハティール政権がやっていることは、日本の政府が、例えば一九九〇年代にやったと同じこと、つまり、金融セクターの不良債権というのを見ないことにして先送りしている、ということだと思います。

したがって、おそらくポスト・マハティール時代には、この問題が出てくるでしょう。その出方、タイミングによっては、マレーシアはまたかなり深刻な危機におちいる可能性があると思います。ただ、それにしても経済的な危機と政治的な危機はできれば違うタイミングで起こってくれると一番よい。

タイの場合には政治危機はとっくの昔に起こりました。タイでは一九七〇年代から八〇年代にかけて開発体制から民主化へのプロセスが進行した。だから、今回の危機の前に政治体制の問題は処理されていた。それで経済危機の問題もかなり楽に処理できました。

インドネシアの場合には、経済危機と政治危機が一緒に来てしまった。だからたいへんなことになった。マレーシア政府は、経済危機を経済危機としてだけ扱って、政治危機の問題はとりあえず先に延ばしました。ポスト・マハティールになれば、おそらくこういう政治的問題を処理しなければならない。そのとき、政治の問題と経済危機の問題が一緒になるかどうか、それによってどのくらい深刻になるか決まってくると思います。ですから、私は、いまのうちに経済問題はできるだけ処理しておくのがよいとは思います。

(Q) 先生がレクチャーされましたアジア戦略の今後に関わる大きな問題について、今後、先生はどういうふうに研究を進められるのでしょうか。

(A) 自分一人でやれることは本当にしれています。もしかして読まれた方もいるかもしれませんが、私はついこの間まで『中央公論』に「海の帝国」という題で、地域をどういうふうに考えたらいいのか、ということについて一連のエッセイを書きました。これは九月、中公新書から本として出ると思います。

そのあととりあえずやりたいことは、国家のマクロの比較をやる。つまり、先程も述べましたけれど、国家といってもタイの国家と、マレーシアの国家と、シンガポールの国家と、インドネシアの国家と、それからフィリピンの国家を比べてみますと全部違います。全部近代国家で、警察があり、裁判所があり、軍隊があり、経済官庁があっても違うわけです。では、どこがどういうふうに違っているのか。なぜ違うのか。そういう大きい見取図のようなものをともかく書きたいというのが私のいまのところの計画です。

ただ、その上で実際問題として、私自身がいま本当に重要な問題と考えているのは、一言で言いますと正義の問題。つまり国家というのは、やはり何らかの道徳的な基礎というものがないと、安定しない、さてそれでは、そういう正義の問題はどういうふうに考えたらいいのだろうかという、本当に政治学の原論的な問題を考えています。

国際金融危機と「ＩＴ革命」

金子　勝

一、国際金融危機の特色

今日は、国際金融危機の発生メカニズムを明らかにしつつ、こうしたリスクにどのように備えるべきかという問題について考えようと思います。

実際に私がフィールドとして研究を始めたのは、日本、イギリスといった先進国からだったのですが、一九九〇年代はじめにインドを中心にして次第にアジア地域に関心を移していきました。構造調整政策というのが南アジア地域でも広がったからで、私はその調査活動をずっとやっておりました。現在やっていることと違うように見えますけど、そういう仕事を一方で幾つかやっております。

その中で、国際金融の分野で、九七年の東アジア通貨危機と九八年のロシアのデフォルト危機から中南米諸国、そしてアメリカに波及した国際金融危機が起きました。再び国際金融危機が起きる可能性も否定できません。

一九八〇年代以降の国際金融危機を振り返ってみたいと思います。三つの時期区分をした上で、それぞれの国際金融危機の特色についてまず明らかにしておきましょう。具体的には、一九八〇年代、一九九〇年代、そしてアメリカのナスダック・バブル以降の三つの時期に区分します。

三つの時期区分のうち、第一番目は、すでに証券ビッグバンが始まっていましたが、一九八〇年代は基本的に銀行中心の金融自由化です。その背景は、二つのオイルショックでした。このときの金融自由化の一つのきっかけになったのは、産油国へのドルの偏在問題です。ユーロ市場の発達によって、ロンドン市場とニューヨーク市場の間で、瞬時にアカウントを交換できるような国際金融システム作りが進められます。あるいは証券もそうですが、ドルの資金の偏在問題を解決することがアメリカにとって金融自由化の一つのモチベーションであったわけです。

ところが、八〇年代はレーガノミックスの下でドル高・高金利が生み出されます。金利を高くすることによってドルを高くして、資金をアメリカに呼び込んでいく。実はその資金流入によって貿易赤字と財政赤字（つまり双子の赤字）を埋め合わせるという構造が八〇年代にでき上がります。

他方で、還流したドル資金がロンドン、ニューヨーク市場を通じて中南米諸国を中心にした途上国に大量の商業銀行資金が流れ込むことになります。これが短期資金中心の銀行貸付であったわけです。ところがドル高・高金利の中で途上国側の債務が次第に膨らんでしまうことになります。ドルが高くて金利が高くなっていくわけですから、当然のことながら借りていた側は借金が膨らむことになります。そういう状態の中で一番はっきりしたのは八〇年代半ば頃に債務不履行事件が幾つかの中南米諸国で起きます。ベネズエラでは暴動があったりと幾つかの事件が重なって、八五年のベーカー提案から、いわゆる八九年のブレディ提案に至るまでの累積債務の処理問題が発生することになります。

そこでの特色は、あくまでも八〇年代は銀行中心の対策であったということであります。銀行中心の自由化であり、且つ累積債務問題の性質も非常に見えやすいものでした。銀行の短期資金が中進国に入ってきまして、その債務がドル高と高金利で膨張していく。他方で、一次産品が先進国の不況でなかなか売れなくなり貿易収支が悪化して、デットサービス・レシオが非常に高まるという非常に見えやすい構造でありました。

対策もベーカー提案では、債務の一種の繰延べ処置でありましたし、八九年のいわゆるブレディ提案では、それを一部棒引きにしていくというような形で進んでまいりました。それと抱き合わせで八〇年代のＩＭＦは、いわゆる構造調整を次第に進化させてまいります。ちょっとやや乱暴な整理かもしれませんけれども、いわゆる市場経済化と抱き合わせで貸付けをするという形が追求されました。あるいは今日でも問題になっているように、国際収支の改善のために一種の引き締めをして輸入を削減するという政策をとります。その時代、皆さんご存じのように中南米諸国のインフレはひどかったわけですが、インフレが鎮静化する代わりに失業率が非常に急速に上がって、八〇年代の中南米諸国は失われた一〇年になりました。

ところがこの時代は、日本とアジアの関係では、日本は二つのオイルショックを無事乗り切って、八五年の円高不況に際して、むしろアジアに次第に投資が急激に伸びていくように変わってまいります。むしろ東アジア諸国は、日本からの外資の流入も一定の役割を果たしながら、成長軌道に乗っていくという一拍のずれをもたらします。八〇年代は中南米が非常に落ち込んで、九〇年代やや立ち直りますが、また半ばでショックを受けて不安定化します。他方、アジアはこの時期には逆に資金が流入してきて、それで九〇年代はややバブル気味に伸びて、九七年でガクンといくわけです。

先進国の流れを見ても、多くの先進国は八〇年代の後半と九〇年代に分かれてバブルとバブル破綻の交錯があります。資金がある国に流れていくと、他方が落ちるという関係を見出すことができます。つまりバブルの交替を繰り返していたわけです。銀行中心の金融自由化であったグローバリゼーションの第一局面では、結局、先進国はバブル経済に帰結していきます。その際、第二局面の九〇年代になってきますと、構図は相当変わってきます。証券化、グローバル化が急速に進みます。全体として八〇年代の後半にほとんどの先進国でバブルがはじけます。ブラックマンデーの後に株価が落ちて、最後に残っていた土地が八〇年代の末から九〇年代にかけて落ちてきます。北欧の一部の諸国、あるいは日本は九〇年代にバブルの破綻がもつれ込みます。多くの先進国でバブルが破綻をしていきますと、銀行は実質的に不良債権を抱えることになり、全体として資金が証券市場に流れていくような傾向があります。しかし、ドイツのように非常にゆっくりと進むケースに比べると、アメリカは極めて急激に証券化、グローバル化が進みました。九〇年代の冒頭、アメリカの実質金利はほぼゼロに近い状態まで落ちてまいります。それに対してミューチュアル・ファンド（投資信託基金）やヘッジ・ファンドの場合には、ほぼ一〇％以上の収益を確保するという事態になって、大量に銀行から証券へ資金シフトが生じます。その資金シフトの中で問題だったのは、常にアメリカにとっては、その証券化した資金を投資する先を確保する必要があったということです。

つまりアメリカ国内では証券化が進む一方で、その投資先としての金融自由化というのが次々と世銀やＩＭＦ主導で行われていくことになります。その対象になったのが、経済パフォーマンスのよかった発展途上国。とりわけて新興工業国と呼ばれる一群の国々です。もちろんタイや韓国を含む東南アジアの諸国もそれに含まれていたというのが当時の構図であります。

二、九〇年代の証券化の波

九〇年代の証券化の波によって、アメリカは当然のことながら証券価格が上がってきます。証券価格が上がってきますと、いわゆる資産効果で消費が増えます。アメリカの体質から言って、資産効果で消費が伸びると輸入が伸びます。輸入が伸びると当然のことながら貿易赤字になります。巨額になった貿易赤字を埋めるためには、資本の流入によってファイナンスすることが必要になります。しかし、この対外資金の流入は、アメリカにとっては対外債務ですので、この債務を相殺するにはどうしても再投資して投資収益を上げなければなりません。そのためには再投資先が必要になります。こういうアメリカの国際収支上のマクロ的な説明からも、この証券化、グローバル化の流れを説明することができます。

いわゆる発展途上国と呼ばれる中でも比較的成長力の高かった地域がまず対象になります。

そういう地域の金融自由化をターゲットにして、いわゆるワシントン・コンセンサス、つまりウォールストリートとアメリカ財務省とＩＭＦが一体となってそういう政策を進めたと言われています。

この時点で、実は八〇年代の構造調整プログラムの中では、金融自由化政策は改革リストの中では一番最後にあったものだったのが、九〇年代に入った途端にプライオリティ（優先順位）が非常に高いところへ上がってきました。融資の条件（コンディショナリティ）の中で、金融自由化政策の順位が非常に高くなるというのが九〇年代の変化です。ワシントン・コンセンサスと悪口を言われるのは、ウォールストリートやアメリカ財務省の利害関係にぴったり合わせてＩＭＦや世銀の政策がシフトしたからです。

今日、ＩＭＦのマクロ政策は間違っているといったＩＭＦ批判もたくさんあるのですが、この八〇年代から九〇年代にかけてのＩＭＦの政策転換が事の発端です。その転換は、明らかにアメリカの国内の金融破綻以降の証券化の動きを背景に、アメリカの貿易赤字を埋め合わせてファイナンスするための資金流入と、その再投資先の確保という要請にぴったりと符合していました。それが実は問題だったわけです。

それまでは金融自由化政策はプライオリティが低かった。なぜならば、一国の資金量が小さい国において対外的な資金流出入が非常に大きいと、ショックが大きくなってしまうという認識が八〇年代にはまだあったからです。ところが、九〇年代には、こうした認識はほとんどなくなってしまいます。

金融自由化政策に関してもう一つ問題なのは、ＢＩＳ規制です。第一次ＢＩＳ規制、つまり自己資本比率規制は、分母が総資産で、分子がいわゆる自己資本で構成されています。自己資本というのは返済しないで済む自己資金、総資産というのは貸付け総資産とほぼ同義です。これは、銀行が預金を預かって貸し付ける預貸業務をしているということを前提にして、銀行の健全化を目指した信用リスク規制です。

ところが、欧米の銀行は貸付け資産そのものを証券化して売り払ってしまうという形の抜け穴を追求するようになります。アメリカの大手銀行はほとんど特定目的会社を使って日本と同じように「飛ばし」をやっております。つまり、持っている債券を売ってしまいます。あるいはミューチュアル・ファンド（投資信託基金）に売ってしまったりします。そういう形で、実は第一次ＢＩＳ規制を免れるような手段として証券化やグローバル化が使われるようになってまいります。

もう一つは、こういう証券化やグローバル化は資金を一層逃げ足の速いものにしますから、資産市場や為替市場のボラリティ（変動性）が高くなってまいります。これに対してオプション取引きや先物取引きを組み合わせた様々なデリバティブ商品、金融商品が次々と生み出されてきて、アメリカの大手銀行は九〇年代に入って預貸業務から簿外（オフバランス）取引を拡大させていきます。いわゆるＯＴＣデリバティブと呼ばれる、つまり取引所を介さない店頭デリバティブ取引に大きくシフトしてまいります。こういう動きが諸々重なっていく形で、実は九〇年代に間欠的に通貨危機が発生するようになります。これは極めて伝染性が高くなってまいりますが、最初は九二年の欧州通貨危機であり、つぎに九四年末のメキシコ通貨危機から翌年にはアルゼンチンに波及していきます。さらに九七年のタイのバーツを皮切りに始まった東アジアの通貨危機になり、九八年のロシア危機から中南米諸国、そしてアメリカへ波及とする危機になってまいります。

ところが九七年と九八年の間に、第二次ＢＩＳ規制が決まります。皮肉なことに、この第二次ＢＩＳ規制は、かえって伝染性の高い通貨危機をもたらすようになりました。

前にも述べましたように、預貸業務を基準としていた第一次ＢＩＳ規制を免れるために債権を証券化したり、金融デリバティブの店頭取引きに重点を移します。そして、オフバランスで証券取引をするという行動をチェックするために第二次ＢＩＳ規制が入ってくるわけです。つまりデリバティブを含めて証券取引全体を含めて自己資本比率規制を課さなければいけなくなってきました。第二次ＢＩＳ規制が決まるのが九八年であります。

第二次のＢＩＳ規制では、たとえば一〇日から二週間の期間をとって、全部トレーディングポジションを解消した場合を想定して、予想できる最大の損失というのを見積もります。その際、片側九九％の区間をとって、確率密度関数で予想損失を計算します。この予想最大損失に一定の自己資金を割り当てるというのが、実は第二次ＢＩＳ規制の趣旨なわけです。こうすることによって銀行が預貸業務以外に証券取引やデリバティブ取引をしているのを含めてリスク規制ができるはずだったわけです。

つまり、今、証券やデリバティブ取引をしている状態を全部解消してみましょう。そのときの最大の損失はどのぐらいだと予想できますか。この予想できる損失にきちんと対応できる自己資金を用意しておきなさい。これが第二次規制の意味です。

三、ＢＩＳ規制の限界

ところが、トレーディング・ポジションを解消してみて予想する損失というのは、実は、片側九九％の区間で生じるもので、実は一％で生じる稀なケースは除かれています。九八年のロシアのデフォルト危機みたいなケースです。この一％が発生すると、第二次規制はなだれをうって伝染するきっかけになってしまいます。

というのは、予想最大損失というのは通常の市場価格を想定しながらクラッシュなどが生じない過去の変動に基づく予想の中で生じる損失ですから、一％のクラッシュ、つまり暴落が生じた場合には、予想損失ははるかに予想を超えて膨張してしまうわけです。そうすると、引き当てるべき自己資本を増やさなければいけなくなります。そうすると他の利益の上がる証券や債券を売って益出しをして、自己資本を補充しなければいけなくなるわけです。つまり、第二次ＢＩＳ規制の下では、一％のクラッシュが起きたときに、かえって一層暴落を加速するように投げ売りせざるをえなくなるという事態にはまることになります。九八年の危機は、実は銀行自身ではなくてヘッジ・ファンドが先導したわけですが、ヘッジ・ファンドの投機的動きを引き金にして、この一％の確率が起きてしまったことになる。しかも難しいのは、経済学の用語ではレバレッジと言いますが、いわゆる小さな自己資金を元手にしてどんどん梃子の作用で運用資金を増やしていく魔法のような方法です。

たとえば、ヘッジ・ファンドだったら、ＳＥＣ（証券取引委員会）の規制を免れて、金持ち百人ぐらいから金を集めます。これで優良株を買って、銀行に担保でまたお金を借ります。これでまたわずかな証拠金で済むデリバティブに投資いたします。というふうにどんどん又貸し、又貸しをやっていく。

つまり、どんどんレバレッジを効かしていくと、元手の四、五〇倍の運用をしていたというのがヘッジ・ファンドのやり方でした。その四、五〇倍に膨らましてやっていたのですから、クラッシュがあると将棋倒しと同じです。一個の信用関係が崩れると連鎖的にバタバタと崩れていくわけです。次々と信用取引している関係を解消していかざるをえなくなる。莫大な損失が発生してしまう。実はそこに銀行が大量に貸し付けていたというのがわかったのが九八年の事態だったわけです。だから、アメリカにとっては最終決済機構である大手金融機関が痛んだら日本のバブル破綻と同じことになってしまいますから、至急、奉加帳でお金を集めて、経営破綻しそうになったヘッジ・ファンドのＬＴＣＭ（ロングターム・キャピタル・マネジメント）に大量のお金をつぎ込んだわけです。それが九八年の第二次ＢＩＳ規制の逆機能の帰結だったわけです。

しかも問題は、第二次ＢＩＳ規制さえ効かない規制外の金融機関が次第に膨らみ始めている。つまりＢＩＳ規制というのは銀行だけを対象にしています。ヘッジ・ファンドはもちろん対象外です。

さらにＩＴ化が新しいリスクを発生させます。新しいリスクというのは、ボラテリティ（浮動性）と、もう一つはコンテージョン（伝染）です。「ＩＴ革命」は伝染性の問題を加速させる可能性を持っています。ＢＩＳ規制の外で、たとえば、我々が証券会社の仲介業者と幾つか契約いたします。その証券会社は個人の取引を媒介しているだけです。証券会社自身が取引をしているわけではありません。個人がインターネットでアクセスするようにサイトを開けてあげるだけです。そうすると、私がやっている取引はＢＩＳとは全く関係なく動くわけです。アメリカのように極端なデイトレーダーが増えなくても、そういうインターネット取引で容易に証券、株式市場にアクセスできるようになっていきます。さらに支店を設けなくても銀行業にも参入することが可能になってまいります。現に日本のソニーやイトーヨーカ堂を含めてネット取引を主としたネット・バンキングに進出しています。通常の銀行でもネット取引に拡大していきます。こうした状況の下で、我々はインターネットでバンクアカウントを持ちます。

さらに、たとえばシティバンクが今、どこの国に行ってもその国の通貨で換算して預金で下ろしてくれます。預金さえ持っていれば、私がドイツへ行ってもマルクで引き落とすということが可能になってきます。つまり通貨同士の交換の壁も、金融自由化が進んでくれば、実は同じ銀行の系列で外されていきます。他方で、個人の取引がどんどん入ってくることができる。ＢＩＳの規制をしていても、ＢＩＳが、たとえば全体の資産取引の中でカバーしているのは、ほんのわずかの最終決済機構の金融機関だけであるということになってまいります。そこで問題になるのは、インターネットでやっているサイバースペースの世界というのは、あくまでも匿名空間だということです。匿名空間では信用や信頼を形成できないということが一番大きな問題なわけです。銀行みたいな仕組みがなぜ護送船団になりやすいかというと、仲間内でお互いに知っているから信用や信頼に基づいて金融政策が効くという世界があるわけです。みんなが出し抜いていったら、実は金融システムはひどく不安定化してしまいます。

金融システムは、信用や信頼が崩れると、たちまちうまくいかなくなります。わかりやすい例を言うと、我々はバブルの破綻のときに山一が、もし日銀の特融がなくて一部預け金が返却されないということがわかったら、恐らくそのあと株価の低い中小の証券会社から、みんな一斉に引出しにかかります。

あるいは、拓銀で、預けていた人の内一部の人が預金を取りっぱぐれるということがわかったとします。そうしたら、次に危ない銀行に向かってみんな引き下ろしに行きます。なぜかと言えば一部の人が取りっぱぐれて損をしたということが事実として確定してしまえば、人々は銀行に対して信用できなくなって次の危ない銀行に向かって預金取付けに走ります。預金取付けが起きると、銀行は次々と破綻していきます。つまり銀行はわずかの元手で、梃子を効かして信用創造しながら儲けているわけですから、いきなり払戻しの殺到が来た瞬間に流動性が不足して、銀行はたちまち潰れてしまうわけです。実は銀行というのは、信用と信頼を基盤にしてはじめて成り立っているわけです。もちろん通貨についても同じことが言えます。こういう関係で金融システムができている以上、お互いに信用させるために金融的なセーフティーネットも必要だし、最終決済機構を握っている大手銀行を中央銀行の政策と密接にリンクさせようとするのは、ある意味で当然の動きとして存在するわけです。

ところが、たとえば個人がたくさんの銀行を媒介にしない金融取引をしているとします。そのときに、たとえば、日本がデフォルトを起こすという噂が流れます。現に株価に下落の徴候があらわれます。そうするとどういうことが起きるかというと、インターネットで取引している者は、その情報が正しいか、正しくないかを確認するゆとりがない。つまりインターネット取引はスピードが異常に速く、同時に匿名ですから、信用、信頼関係を形成できない。だから売らざるをえない。すると投げ売りを加速するオーバーシューティングを非常に強くすると思います。第二次規制のあとに第三次規制が導入されていきますが、第二次規制を中心にしながらネット取引が急速に波及していけば、通貨や証券市場、株式市場の価格のボラティリティ（浮動性）は高まらざるをえません。そうすると、資本を定量的に管理していくという方法自身が非常に怪しいものになってまいります。第二次ＢＩＳ規制との関連で言えば、一％の確率を切るようなクラッシュがもっと高い確率で起きるようになる可能性が出てくるからです。しかも金融の自由化とともにＢＩＳの規制外にある取引は拡大していきます。ＢＩＳの規制がある銀行だけを押さえていても、実は金融市場全体を押さえることができるかどうか怪しくなってくるということになります。

四、ネット取引の普及

そういう状況の中で、実は今、金融自由化の第三段階であるネット取引の普及が急速に進んでいると考えたほうがいいと思います。ネット取引を規制することが難しいのは、実はインターネットというのは開放系の情報技術でありますから、どこか押さえても情報の行く径路を完全に押さえられないわけです。私がロンドンに情報を送ったとき北京経由でもニューヨーク経由でも、どこ経由でも行ってしまうわけですから、これをチェックするということは不可能に近い。結局、銀行なり証券市場の取引業者なり、トレーダー一人ひとりの端末そのものをコントロールしなければならなくなります。これは電子決済を巡る最終的な暗号処理をしなければいけない。電子決済のために、ＩＣチップの中に暗号を組み込んで電子署名をしなければいけないわけです。あるいはインターネット取引や電子マネーの発行に関して、業者の登録の時点で、資格要件を非常に厳しくする以外なくて、ヨーロッパはその両方を試みています。

ところが残念なことながら、日本やアジアではそういう試みが十分に行われてきませんでした。キャッシュカード会社と銀行が統一のＩＣカードを二〇〇一年に作るということがようやく決まった段階です。そのＩＣカードの中に組み込む暗号、個人情報の保護、納税者番号制、その他どういう形で組み込むのか、それについては検討はされていると思いますが、必ずしも十分に対応していない。既にヨーロッパではそれは立ち上がっております。

こういう状況の中でバブルとバブルの破綻が非常に起きやすい構造ができていて、恐らくネット取引が非常に急速に強まるにつれて、あるいはアメリカの株価や通貨の動きと、日本及びアジアの株価や通貨の動きの間で極めて連動性が高くなっているわけです。

実はアメリカのバブルは、一つは海外資金で支えられてきました。一番の出し手はアジアであります。日本やアジアの貿易黒字はアメリカへ戻って還流する仕組みになっている。もちろんアメリカのＩＴバブルとともにヨーロッパからも入ってきています。しかし、二〇〇〇年の四月の半ばに起きた、一種のクラッシュに近いような約六〇〇ドルの株価の暴落が発生しました。このクラッシュに対して日本はどういう処置をとったかというと、日銀は即座に金利を上げるという声明から、ゼロ金利を継続するという表明に転換いたします。日本の株は低迷してアメリカへ資金は流れます。ユーロに対してはアメリカ内部では非常に厳しい批判が投げかけられていて、ＥＵは政治的に不安定だから政治的な統合ができないから、最適通貨圏になっていないというキャンペーンがなされております。バブル経済下のアメリカへの投資とともに、ユーロはずっと一貫して下がっています。つまりアメリカは、ヨーロッパにお金が戻ったり、円に逃げ込んだりということができないような封じ込めをして、バブル経済の維持を図ってきました。つまり、世界中の資金を集めながらアメリカのバブルを支えて、アメリカのバブルによる消費でアジアや日本は輸出を伸ばして、またそのお金がアメリカに還流するという、こういう循環が成り立っているわけです。とりわけ東アジア諸国は、一九九七年の通貨・経済危機によって金融機関は不良債権を抱えているために、アメリカのITバブルに乗って対米輸出を伸ばすことによって景気回復を図らざるをえません。あくまでもアメリカのイニシアチブですから、アメリカが危ないときは協力させるという構造が完全にできてきました。

五、EUと日本の政策

こうした状況下で、EUはどういう政策をとってきたのか。日本は円安を誘導するために超低金利政策を継続してきました。つまり資金の流れを重視して、円安を享受して輸出して、またお金を流すという循環構造を固定化することを追求してきました。他方、ユーロ側は全く違った対応をとってきました。金利を引き上げようとして、実際にも引き上げることがある。つまり、EU側は資金が大量にアメリカへ流れることを恐れているわけです。これとは対照的に、アジア圏が独自の通貨や貿易の政策を持って国際的な金融不安定の状況の中でチャレンジしようという構造はできていません。ユーロ側はそういう戦略を持っています。しかもユーロという通貨を作りドルに対抗しているだけではなく、さっき言ったように電子決済や電子認証のところでも、セキュリティを中心にして個人情報保護のための仕組みをつくろうとしています。アメリカとEU諸国の間では、ＩＣカードの中に組み込む暗号についても、ＶＩＳＡやマスターカードなどのカード会社と組んで激しい開発競争を展開しています。

残念ながら日本では、通産省が二〇〇〇年七月のサミット前にe—Asiaという構想を打ち出しました。というのは、何とか共通言語で電子マネーレベルでもアジアでそういうベースのものをつくっていこう。共通のＯＳをつくっていこうという宣言ですが、具体性はほとんどありません。

一番具体的なのは、アジア諸国が高速情報処理施設をつくるに際して日本が援助するという政策ですが、そもそも日本のＯＳそのものに何を採用するかが不明確になっています。幾つかの日本の会社もベンチャー企業の中でも、そういう暗号処理を含めた電子署名について極めて積極的な会社がありますが、実は国全体として一つの戦略を持っているわけではありません。

銀行業界やクレジット会社が十分に戦略を持ちきれている状況かというと、そうでもありません。ようやくカードの統一に合意をした段階であります。一歩一歩どころか、二歩、三歩と後れた状態で相手が三歩進んで、こちらはやっと二歩進むというような状況があるというのが私の感触です。

こういうふうに考えたときに、実は東アジアの通貨危機との関係で何をなすべきかということを考えなければいけません。もちろん日本の政府が無能でだめだとかいうと、そう話は単純ではありません。二〇〇〇年五月六日にチェンマイで通貨スワップ協定を相互に強化するという合意ができました。ＡＭＦ構想に対しては阻止されたために、さしあたり通貨スワップを強化するという方向がとられました。一歩前進だと考えてよいでしょう。

しかし、さらに、もう一歩進めてＡＭＦ構想に進むべきだと思います。しかし、こうしたアジアの地域経済統合はなぜ東アジア諸国が共同しなければいけないかということと、相互の違いをどのように調整していくかということを考えると、実は一〇年から二〇年の長いプロセスを想定せざるをえません。その点では、九七年のアジア通貨危機の波及の径路は、実は同一ではないという点が重要です。

たとえば、インドネシア・ルピアがいきなり通貨から落ちていくのは、累積債務があったからであります。マレーシアは証券がかなり抜け穴のようになっていて、マレーシアではそこがコントロールが効いていなかった。それから、銀行危機から入っていくケースです。タイや韓国は多分にそういう要素を持っています。

問題は、たとえばアジアで共通の政策をするとしたら、共通でどこまでをカバーし、どこまでが共通でできないのかということについての共通認識を作れるかどうかにかかっています。

どうしても、つまり政策のアジェンダの範囲をどこにするべきかという確定をするためには、より一層アジアの個別地域に入るだけではなく、相互の比較研究というのが非常に重要なポイントになっています。ところがそういう問題意識が十分に形成されているかというと、実は十分ではありません。一部の学者は十分に意識して、そういうことが大事だということを認識していますが、残念ながらそれは大規模なレベルで日本で進められている状況ではないというのが、現在の状況です。恐らくアメリカだったら、大量のお金が基金として降りてきて、この指とまれという形でプロジェクトができて、大量の金がまかれて一斉に調査して、あっと言う間にアジェンダができるだろうと思うのですが、残念ながら日本の大学も官庁も戦略性がないが故に、ただ個別でこつこつと手仕事でやっている。向こうがベルトコンベアなのに、こちらは手で職人がやっているという世界ですので、なかなか勝てないというのが正直なところです。

六、信用レバレッジ規制

いま一つ問題なのは、私がポイントになると考えているのは、不良債権処理をやって、金融システム、銀行システムをどう立て直すかということです。そして将来的に問題になるのは、信用レバレッジ規制をアジア共通に作れるかどうかという点です。信用レバレッジ規制はアジアの諸国は意外にやられています。香港だとか、台湾だとか、それぞれ個別にやっています。信用レバレッジ規制というのは、新しく株や土地などの資産に投資するケースの場合に、銀行という決済機構がどこまでそれを貸していいかをコントロールする制度です。

日本では評判悪いのは、バブルに入るときに信用レバレッジ規制をやらないで、はじけるときだけ銀行やノンバンクの融資総量規制をやったり、あるいは土地の監視区域の設定をしたりしたためです。実はこれを事前に入り口でやっておく必要があるわけです。事態が進んでからやったために評判が悪いのですが、今後は、入り口の段階でどういう信用レバレッジ規制を共通に張っていくか。資産市場における投機を防ぐためにはどういう信用レバレッジ規制が望ましいかということについて研究を深める必要があるわけです。ところが残念ながらさっき言った状況でありますから、むしろ一方で不良債権の重しの中で前向きな調査というのができない状況になっている。

私が個別の国の報告をしても余り意味がないので、アジア地域全体としてどういう研究課題があって、どこが欠けていて、そのために前へどうして進めないのかということについての私の認識を言うにとどまってしまいました。しかし悪いことに、二〇〇〇年四月をピークにしてナスダックの株価指数が下落している。ＩＴバブルが崩れてきているわけです。グローバリゼーションの結果、互いに貿易依存度が高まっております。しかも先に述べましたように、ＩＴ

バブルに酔うアメリカへの輸出によって、東アジア諸国は経済の回復を図らねばならないところに追い込まれています。そのアメリカのＩＴバブルがはじけているのですから、東アジア諸国だけでなく世界中が同時不況になる危険性があります。これまで述べてきたアジアにおける地域戦略の欠如は、こうした不況の直撃を受ける弱点を白日の下にさらしていくでしょう。とはいえ、苦しい状況に追い込まれていくと、また独自の戦略を持つのは一層難しくなっていきます。

いま日本と東アジアがおかれている状況を表現すると以上のようになります。大まかな話で申し訳ないですけど、もっと詳しい話をしてもいいのですけど、専門的に話し過ぎると問題も多いかと思いまして。いかがでしょう。

質問ありませんか。

（Q）グローバル・スタンダードに反対でしょうか。先生のご本には「反経済学」が新しいものをつくり出していくとあるようですが……。

（A）「反経済学」だけだと、よくわからないと思うので、グローバル・ルールをめぐる状況とオルタナティブについて、きちんとしゃべっておきましょう。

グローバル・スタンダードと言われる金融秩序とアジアの金融秩序との関係について、とりわけて日本を中心にしてお話をしてみましょう。

七、BIS規制とペイオフ

一つ、問題なのは、グローバル・スタンダードに対する対応は二つに分けなければいけないということです。

一つは、国際公約という言葉に騙されてはいけないということです。国際公約と言うときに、自己資本比率規制（BIS規制）はバーゼル合意です。これはバブルに酔っている中で、官僚が十分な判断もつかないまま合意したことだとはいえ、国際合意です。これは実施せざるをえません。

もう一つはペイオフですが、ペイオフは国際公約ではありません。日本が、やると勝手に凍結解除を宣言しているだけです。この二つの違いは大きいです。一つは、実際には逆機能を果たしており、効果がないにもかかわらず、これは国際公約で決まっているという矛盾に立たされている。実施しながら、これは十分に有効でないという主張を続けながら別の規制を提案していかなければならない。そのときに、最終的に今の金融の不安定性を克服するには、国内において最終決済機構にある大手銀行を中心にして、信用レバレッジ規制を中心にした規制体系をつくっていくのが将来的には望ましい。つまり、資産市場に銀行からお金が流れるのをきちんとレギュレーションをかけていくのが望ましい。しかし、今これを急激にやれば土地の値段や株の値段が急速に下がります。つまり、銀行が持っている土地や株を吐き出していくということは供給が増えてしまいます。需要がそれに見合わない。銀行は大量の不良債権化した土地を抱えていますから、銀行システムを傷つけてしまいます。後で述べるように不良債権の本格処理が前提となります。

もう一つのペイオフの実施は、必要ありません。なぜ必要ないか。

アメリカのペイオフ制度の下では一〇万ドルまでの預金を付保預金と言います。日本で言う預金保険機構の保険の対象範囲が一〇万ドル以下の預金をさします。実は、アメリカでは預金者保護という目的でペイオフ制度を実施しています。

ところが、日本の場合ペイオフは、一千万円以上の預金を保護しない制度としてペイオフ制度が悪用されています。逆です。では、なぜ正反対の説明になるか。

実は二つあります。一つは、日本における不良債権処理のあり方が極めていびつだということです。はっきり言えば銀行経営者の刑事責任を問うて巨額の不良債権を早期に処理するということをしてこなかったことです。残念ながら九四年から五年の住専への公的資金投入の際には、銀行の不良債権問題ではなくて農協の救済だとかいう、わけのわからない議論をしたりする人がいて、問題が先送りされてしまいました。実は、バブル犯罪の刑事罰を銀行経営者に適用できる時効が五年ですから、九四、五年が一つの境目だったわけです。住専問題に矮小化されてしまったわけです。ここで最初の決定的なチャンスを逃しています。

もう一回チャンスを逃したのは、九八年末に出された経済戦略会議の最終報告です。これでバブルの粉飾会計の責任を問えなくなります。九九年三月に約七・五兆円の公的資金が入れられたわけですが、銀行経営者の責任を三年間棚上げにしました。三年後の二〇〇二年から五年間の時効期間を逆算すると九七年です。これは極めて象徴的な意味を持っています。経済戦略会議の言っているのは、金融システム不安があった九七年以降に起きた会計粉飾や背任の罪を問えなくなるということです。実は九五年と九七年は金融システム不安の後銀行が一番粉飾会計をした時期です。

というのは、住専に不良債権処理のために六八五〇億円を入れるために、不良債権の公表額を三〇兆円以上に膨らましました。実は大蔵省の公表以前にも有価証券報告書の中の未収利息という欄から銀行の不良債権額を逆算する方法がありました。非常に単純な手法ですが、この方法で九〇年代半ばすでに四〇兆から五〇兆あるとされていました。『週刊東洋経済』などでアナリストたちが試みていたことです。それに比べればずっと低いのですが、それでも三〇兆以上に膨らむ。ところが九七年は財政構造改革法で財政を小さくしなければいけなくなった。

そのために実は、もう公的資金は入れないでいいんですよという「状況」をつくらなければいけないために銀行法上の二八兆円という不良債権公表額を公表しました。九七年の一一月に拓銀、山一が破綻した瞬間、わずか数カ月で不良債権全体は自己査定で七六兆円あるんだと公表される。つまりこの時期というのは官民一体になって最も会計粉飾が行われた時期であります。この官民一体になって会計粉飾を行った時期が、実は経済戦略会議の最終報告による経営責任の三年棚上げによって、全て刑事罰が問えなくなったということを意味しております。

つまり、銀行の経営者の責任を徹底的に曖昧にしていって、不良債権処理をずるずる続ける。その間も、地価が九年連続で下がっていますから不良債権は増えていく。増えていく度にずるずると公的資金を入れる。決済機構の中枢にある大手銀行が不良債権に蝕まれたまま、しかも政治腐敗の原因となったゼネコンと共倒れのような形で膨らんでいく。

本来経営者をきちんと処罰をして、しっかり不良債権処理をすべきなのです。実際、アメリカでも一四〇〇人ぐらいが収監されております。日本では、桃源社の社長と末野興産の社長だけ。あとは銀行が潰れたケースだけです。そういう形で大手銀行の不良債権問題にメスが入れられないために、中小銀行を淘汰する形で、今、銀行の過剰を整理しようとしているわけです。政府はペイオフを使って、実は一千万円以上預金を保護しないという形で預金者の負担にすり替えた上で、中小の銀行を潰したり再編したりする政策をとっています。なぜかといえば、ペイオフで危ない銀行から預金者が逃げていきます。そうすると流動性が不足して経営が危なくなります。そのためには中小銀行は必死に貸し渋りをして自己資本比率を高めていかなければいけません。こういう中で競争淘汰をやって、生き残れない銀行は潰していく。

すでに、信用組合や信用金庫、百ぐらいが破綻や合併で消えています。つまり、中小金融機関を淘汰しながら銀行の過剰を整理するために、ペイオフを預金者保護から預金を保護しない制度に読み変えているのです。

もともとを正せば、アメリカの連邦準備銀行は、確かに最後の貸し手機能を持っています。日銀の特別融資のような制度は持っていますが、ほとんど行使しません。

なぜしないかというと、九千近くの銀行がアメリカにあるからです。アメリカでは州際規制の伝統があって、州が銀行を認可できるためにたくさんの小さい銀行があります。その銀行が一時潰れそうだからといって連邦準備制度が流動性を供給することはできない。つまり、連銀が小さい銀行まで面倒を見きれないので、アメリカでは一〇万ドルの付保預金が大半であるような零細銀行に対してセーフティーネットとしてペイオフ制度が設けられたのです。実際、ペイオフ制度の適用は、銀行の倒産件数の五％以下です。

問題は、どうも世の中ではP＆Aという営業譲渡方式が主流であるということがわかってきてペイオフの悪用が批判を受けて、実は我々はペイオフじゃなくてP＆A（営業譲渡方式）をやろうとしていたんだというふうに言い始めます。ところが日本では既にＰ＆Ａはやられています。小さい銀行が潰れたケースです。改めてやる必然性は何もありません。改めてやる必然性は一千万円以上保護しないというポイントにあります。

ところがアメリカのケースは、Ｐ＆Ａの場合でも、一九九三年に、預金者に優先的な弁済を義務付ける法律が決まっております。営業譲渡方式でも、預金者に最大の預金を保護することが法律で義務付けられている。日本とは全く逆であります。つまり、預金者保護の論理で一貫しているわけです。アメリカの極端な市場原理主義者、いわゆるフリーバンキング論者は、預金保険機構とかペイオフはなくせという議論をしています。これはモラルハザードを起こすのだと。日本の市場主義者は事もあろうに、このペイオフ制度を、実は預金者を保護しない制度に読み変えた上に、尚且つ中小銀行を淘汰する制度に読み変えてしまう。こういうグローバル・スタンダードどころか、アメリカン・スタンダードでもないようなグローバル・ルールの受け入れ方ということは、明らかに不良債権問題の本質をそらすものであるわけです。そもそも金融の自由化を進めながら、自己資本比率規制や国際会計基準などのバランスシート規制に一本化していこうというのが世界の流れです。ペイオフは本筋ではありません。しかし、国際会計基準の適用も恣意的に行われています。

八、国際会計基準の導入

税効果会計という国際会計基準の中でも特殊な制度を銀行にのみ一九九八年度にいち早く適用しました。税効果会計というのは帳簿上税金の負担を繰越できる制度です。繰越欠損制度と税効果会計を組み合わせて、九九年三月末に大量の不良債権を処理しようとしました。その結果、たくさんの銀行が利益が上がっているのに税金を全然収めていないという事態を引き起こしました。つまり、前倒しで不良債権を引き当てるように国際会計標準のうち、一番最初に税効果会計だけを銀行に適用して、不良債権処理上の税負担を繰延べしてやったのです。石原慎太郎氏はそれを突いて、外形標準課税を導入したわけです。しかし、それで不良債権問題も経営者責任の問題も解決するわけではありません。実は物事の本質は、日本の不良債権処理のあり方がほとんど、五〇年前に丸山眞男が言った無責任体制そのままなことにあります。

このように、銀行の不良債権処理問題の歪みが「グローバル・スタンダード」問題を一層複雑にしているのです。その意味では日本のトップエリートは、経営者、政府を含めてほとんどグローバル戦略を持っていません。ルールをめぐる国際競争さえする気がないのです。前に述べたように、アメリカのビジネス特許七〇五分類の中にほとんどの金融デリバティブ取引や、インターネット取引上のオプションシステムや、様々な検索システムは特許になっております。いまのような日本の状況では、この知的所有権の壁を破ることはできません。国際ルールのレベルでは、環境や安全という市場原理主義批判の論理から新たなルールを提起していくことが必要です。それによって、初めて対抗ができるというパラドックスに我々は直面しているわけです。つまり市場原理主義批判が国際競争上の武器になるという、グローバリゼーションは皮肉な局面に当たっています。アメリカの大規模農業によって遺伝子組み換え食品でやられたら、アジアの農業なんかほとんどもちません。環境とか安全という論理が最もグローバル競争のための後発国にとっては武器になりうるわけです。

そういう状況の下で、商標戦略や表示ルールで対抗しているのはヨーロッパです。ヨーロッパは環境や安全という「消費者主権」をたてにして、マクドナルドの生産者主権に基づく市場原理主義に対抗している。環境や安全を守る。商標や表示ルールで別の競争の原理をつくっているのです。このようなルールを巡る熾烈な争いに比べて、このペイオフの導入の仕方の無惨さ。さらに言えば、税効果会計のみを先行して銀行に適用して何兆円という税負担を繰延べするやり方の姑息さ。責任やルールを問えない政治システムの腐った部分というのが、ある意味ではグローバル・ルールの領域での戦略性を失わせているのです。そこに問題の本質があります。

もちろん不良債権処理だけでなく、国際会計基準全体についても同じことが言えます。確かに、国際会計基準でも連結決算は必要です。含み益経営でバブルをしてしまった以上、時価会計主義も長い意味で適用が必要です。年金債務の開示義務も長い意味では必要です。企業会計の透明性を高めていくことはバブルの教訓を踏まえれば当然のことであります。

ところが問題は二つあります。必要な制度改革を行っていないということです。たとえば、年金債務の開示義務をいきなり適用すれば、今の厚生年金基金、つまり企業が自主運用をしている代行部分の積立不足が表面化します。その額は全体で七〇兆から八〇兆（一九九九年）にも上るという推計もあります。つまり企業年金は金融機関全体と同額の積立不足があることになります。

この積立金不足の表面化を防ぐために二つの方法がとられています。三階建てのいわゆる企業年金部分を含めた厚生年金の代行部分について見ると、まず企業年金部分に四〇一Kという確定拠出型の企業年金を導入します。確定拠出型にすると、運用利益で事後的に給付が決まりますから赤字が永久に生じないことになります。

もう一つは、現物拠出という方法です。企業が持っている株式を厚生年金基金の拠出金とみなして、厚生年金の積立金の不足額を穴埋めするわけです。一種の会計粉飾と言ってよいでしょう。厚生省が提案しているのは、この会計粉飾方式です。国際会計基準上明らかに出てくる積立金不足を解消するためには抜本的な年金改革が必要ですが、これを避けて厚生年金の基金とは関係ない企業保有株式をあたかも基金の拠出金とみなして赤字が表面化しないようにするわけです。これは第一次ＢＩＳ規制を乗り切るときに、我が国の政府が、自己資本に株式の含み益も入れていいんだという形でやったごまかしと本質は同じです。バブルが破綻した途端に、この含み益がどんどん減ってきて、第一次の自己資本比率規制を実施しようとすると、貸し渋りが起きてしまったという事態を思い起こす必要があります。年金債務の開示義務についても、現物拠出という変則措置でどこまで積立金不足をごまかし続けられるのか、考えてみなければなりません。他方で、時価会計主義の導入によって企業が保有する株式に放出圧力を加えているのですから。国際会計基準導入政策は内部矛盾を抱えているのです。残念ながら財界も、それから学者も含めて、あらゆる人々がこうした事態に根本的なメスを入れるような改革を提示しておりません。

九、セーフティーネットの概念

私は、『「福祉政府」への提言』という本の中でそのことを問題にして、拠出税方式という提案をしております。実は、この拠出税方式こそが国際会計基準に最も対応しているという自負を持っています。

残念ながら戦略を十分に持っていない点がもう一つあります。キャッシュ・フロー計算書です。今、公認会計士協会が集まって国際会計の、いわば「標準化」を世界的に進めています。これまでルールづくりに、国際ルールの闘いについて日本の政府も経営者もほとんど戦略を持ってきませんでしたから、軽視をし続けてきました。我が国の会計制度はほとんど国際会計基準には反映しない状況が生まれつつあります。これは戦略性がこれまで欠如してきたことのツケだと言っても仕方がないわけです。

問題なのは、キャッシュ・フロー計算書なる方式が二〇〇一年の三月末に入りましたけど、これをやっていきますと、雇用流動化が相当の勢いでしばらく続くことになります。三百万人を超える失業者がいて、五％以上の失業率が常に存在する状況は、国際会計基準の中のキャッシュ・フロー計算書からきています。

これは正確な会計学の概念ではないですが、キャッシュフロー計算書を経済学の概念に置き換えてわかりやすくすると、〈現金収支＝税引後営業利益＋減価償却－設備投資－正味運転資本純増加額〉です。こういう簡単な式に表すことができます。この現金収支を上げるのに一番簡単なのはリストラや雇用の流動化です。つまり、利益が少しでも落ちたら、今まで固定費と考えられていた労務関係費をフレキシブルにすることであります。つまり、パート化だとか派遺化、フリーターといった非正規雇用がどんどん増加していくことになります。既に日本の九七年時点で九〇万人弱の派遣労働者がいます。フリーターは定義によって違いますけど、労働省の発表では一九九九年時点で一五〇万を超えております。既に二五〇万近くの雇用の不安定な層があります。こういう状況は今後一層続くと思われます。彼らの中は社会保険料を払っていない人々が少なからず含まれております。

もう一つは、設備投資であります。短期的に収益が上がる見込みがなければ、安易な設備投資ができなくなります。ゼネラルエレクトリックはもともと重電機メーカーだったわけですけど、今、収益の半分以上はＧＥキャピタル、つまりファイナンス（金融）であげています。不採算部分をどんどん切って儲かる部門のみ設備投資をしていくという体制が非常に強まってまいります。こういう短期重視の経営になった途端に、日本の雇用慣行や様々な企業の系列関係は次々と解体されていくことになります。キャッシュ・フロー計算書を、国際ルールとして受け入れていけば、恐らく今の日本の様々な企業関係は解体を余儀なくされていくというふうに言わざるをえないし、当然のことながら雇用も流動化していく。設備投資も安易なものはできないということになる。この制度的圧力がデフレ不況との相乗効果をもたらします。実際、この間のマクロの数字がしっかり示すように消費や設備投資は、ほとんど横ばいないし下落をしているわけです。支えているのは外需、つまり輸出と公共投資だけです。しかし、財政赤字は六六六兆円になります。ＧＤＰの一・三倍という数字は太平洋戦争突入前後の数字です。こういうところまで財政赤字が膨らまざるをえない状況というのは、実は単に不良債権処理を失敗した結果の不況だというだけではなくて、こういう国際会計ルールの選択によって生じている側面があることを我々は見なければいけません。そう考えると、私たちはグローバル・スタンダードとどう付き合うかというと、企業会計の透明性を高めるという改革は時間をかけて自らのスケジュールでやっていく必要があります。しかし、単なるアメリカン・スタンダードであったり、アメリカン・スタンダードでないものまでも受け入れる必要はない。それは国際的な場でルールを巡る競争としてしっかりと主張していくべきだというのが、私のスタンスであります。

学生諸君に一番グローバル・スタンダードというのをわかりやすく説明するときには、『セーフティーネットの政治経済学』の中でも使っているのですけど、いくつかのわかりやすい例を持ち出すことにしています。たとえば、マツダがル・マンで勝つ。そうしたらロータリーエンジンを禁止する。これがグローバル・スタンダードだと。あるいは、Ｆ１グランプリでホンダがターボで勝ち続ける。ターボエンジンを禁止する。バレーボールで日本はレシーブが得意なら、ワンタッチは一回と数えなくする。荻原健司が複合でジャンプが強ければジャンプの点数が低くなる。長野オリンピックで、日本が強ければスキー板を短くする。こういうのがグローバル・スタンダードだと。問題はスポーツの場合には、強いやつをへこますためのルール改正だけど、今は知的所有権で囲い込みますから、ルールを握ったやつがワン・テイクス・オールになります。つまり、ひとり勝ちになる。今、行われているルールを巡る厳しい闘いというのは、サービス化、産業化していく今の産業構造の中では極めて重要な問題で、これはいわゆる市場モデルからは出てきません。ネットワーク外部性という議論がかろうじてそれに引っかかるだけです。しかし、最初からＯＳとネットワークを握ることを目的に競争しているので、それは意図せざる効果としての「外部性」という枠組みでは把えられません。

このルールを巡る闘いに対してアジアの側は極めて動きが鈍感だということが問題です。金融が一番突出していますけど、グローバル化の中でルールを巡る闘いがその国や地域が生き残れるか生き残れないかを左右する重要な要因になっている。ここで積極的な取り組みをするべきであって、アジアというレベルで共通ルールをつくってリスクをシェアする動きを強めなければいけない。その意味で、セーフティーネットの概念は、単に雇用不安や社会保障不安からくるような不況に対抗する政策概念ではなくて、グローバリゼーションという一種の文明論的な現象に対して新しく戦略を立てていくときの基点として提起しているわけです。これは二〇世紀までの重化学工業を基盤にしてできてきたケインジアンのような有効需要政策とも違っています。金融や情報や、あるいは遺伝子組み換えさえ商品化してしまうような、新しい産業のあり方に対応した制度設計の考え方と言ってよいでしょう。そして、後発国が市場で対抗していくためには市場原理主義批判というものを一つの道具にして国際競争をしていくということが必要だというのが私の発想であります。

多分反対の意見をお持ちの方もいらっしゃると思いますけれども、私の考え方も一つの考え方だというふうに思っていただいて、議論を闘わすことができればいいというのが私の考え方です。多分、批判もあると思います。私は、全体的に見た分布で言うと片側一％に所属していますので（笑）。ただ、余り世の中には反論がないというのは民主主義社会として望ましくないので、私の言っていることの一部でも真理があるならば、それを取り入れてもらって、よりよい形で改善していくということができれば、私はそれで自分なりの貢献はできたというふうに思っています。もう一つ新しいテーマでしゃべってしまったみたいですが、十分なお答えになったかどうかわかりません。ルールを巡る闘いということの持っているバックグラウンド、それから日本の現状ということとの関わりでお話をさせていただきました。

インドシナ半島の新しい地政学

友田　錫

一、はじめに

一九九九年四月、カンボジアがＡＳＥＡＮ（東南アジア諸国連合）に入り、ついに東南アジア一〇カ国すべてがＡＳＥＡＮの加盟国になりました。いわゆるＡＳＥＡＮ10が実現して、東南アジアとＡＳＥＡＮが少なくとも構成国という点では同義語になったのです。これをＡＳＥＡＮの発展過程から見ますと、タイを除いて長い間異質の存在だったインドシナ半島がＡＳＥＡＮに入った、と言うことができますし、逆に、東南アジアの島嶼部を中心にしてきたＡＳＥＡ

Nが大陸部のインドシナ半島に拡大を果たした、という言い方もできるでしょう。いずれにしても、インドシナ半島がＡＳＥＡＮに組み込まれたわけです。ここで私たちは大きな疑問にぶつかります。この合体は、インドシナとＡＳＥＡＮの双方にとってどんな意味があるのでしょうか。具体的に言えば、これによって東南アジアが一体性を強めることになるのか、それとも、新たな遠心力の要因を抱え込むことになったのか、という問題です。

この問題を考える方法はいろいろありますが、ここでは、ＡＳＥＡＮに加盟したあとのインドシナ半島に焦点を当てることによって、答の手がかりを探ることにしましょう。作業の進め方として、三つの側面を取り上げることにしました。第一は、もっとも基本的なことですが、インドシナ半島の特質は何かということです。インドシナ半島は域内的にも、また外部環境の面でも、歴史的に、また地政学的に非常に複雑な力関係が働いている地域です。こうした特性を押さえておかないと、表面にあらわれたもろもろの状況が理解できません。第二は、一九九七年七月にタイからはじまった東アジア金融・経済危機の影響を含めて、インドシナ諸国が直面している経済上の困難です。結論を先に言いますと、東アジア経済危機はインドシナ諸国に予想以上に深刻な打撃を与えました。しかし、単に東アジア経済危機だけでなく、この半島の多くの国は経済発展を遂げる上でそれぞれ構造的な問題を抱えていて、それが成長の大きな足かせになっていることを見ておかなければなりません。第三は、最近のインドシナ半島における政治状況の顕著な傾向を明らかにすることです。とりわけ中国の影響力の拡大が注目されます。ここでも、この半島の地政学的な条件が重要な働きをしています。

二、インドシナ半島の地政学的特性とASEANへの統合

文明の十字路

インドシナ半島、国名でいうと西からミャンマー、タイ、ラオス、カンボジア、ベトナムの五カ国の位置する地域ですが、ここは東南アジアの一部ではあるものの、同じ東南アジアの他の地域とは非常に異なった性格を持っています。アングロ・サクソン系の学者たちはこの半島が中国大陸から突き出ていることから、「大陸部東南アジア」と呼び、マレーシアからシンガポール、インドネシア、ブルネイ、フィリピンにいたる五カ国の位置する地域を「島嶼部東南アジア」とか「海洋性東南アジア」と呼んでいます。ところが、フランスのアジア学者たちの間では、インドシナ半島を「仏教圏の東南アジア」、マレーシア以南の島嶼部を「イスラム圏東南アジア」と呼ぶことが多いようです。どちらがよいかということは一概には言えません。地理的な条件を重視するのか、宗教という社会の基本的な要素を重視するのかの違いで、どちらも重要な性格付けであることには変わりないからです。いずれにしても、インドシナ半島が、他

の東南アジア地域と比べてかなり異質な地域であることには相違ありません。

私は少し見方を変えて、このインドシナ半島の重要な特徴として、文明の接点に位置していることを挙げたいと思います。歴史的にはインド文明と中国文明、それに近代に入ってからはヨーロッパ文明を加えた三つが、ここで交わっています。イスラム文明は、かつてベトナムの中部に栄えたチャンパ王国の末裔――ベトナムとカンボジアに少数民族として残っています――の間にわずかにその残滓が見られますが、ほとんど無視してよいでしょう。

中国文明の影響をもっとも強く受けたのはベトナムでした。紀元前二世紀から紀元後一〇世紀にいたるまで約一千年にわたって、漢、唐の歴代王朝の直接支配下におかれ、この間、文字（漢字）、儒教思想、行政制度を中国から採り入れました。仏教も、中国から伝来した大乗仏教が支配的です。一〇世紀に独立してからも、ベトナムは中国の侵略の試みに何度も抵抗戦争を繰り返しましたが、文明という点では圧倒的に中国化したことは否めません。他方、インドのヒンズー教とその文明は紀元前後から一三世紀まで東南アジア一帯を席捲しましたが、インドシナ半島では南インドからの上座部仏教がミャンマー、タイ、ラオス、カンボジアを覆いました。また、政治思想の面ではヒンズー教の神王思想がこれらの国の王たちに受け継がれました。その影響はいまでも王制を続けているタイやカンボジアに残っています。こうして、ベトナムは中国文明圏、その他の四カ国はインド文明圏に分けることができます。ただし、政治的には、これら四カ国もベトナムと同じく、大中華帝国の皇帝に朝貢を行ってきました。この朝貢関係の歴史が、いまでも、これらの国の中国に対する態度の根底に色濃く影を落としているように思えます。一九世紀になると、ヨーロッパ文明が帝国主義という形をとってインドシナ半島に到達し、タイを除く他のすべての国を植民地にしたことは、周知のとおりです。

最近、といっても数年前のことですが、アメリカの政治学者、サミュエル・ハンチントンが『文明の衝突』という本を書いて世界的に注目されました。東西冷戦後の世界の対立のパラダイムは、イデオロギーではなく文明であり、異なった文明の境界線で紛争が起きると予言した本です。この主張に従えば、三つの文明の交錯しているインドシナ半島は、潜在的な不安定要因を大いに秘めた地域だと言えるでしょう。

国際的対立の凝縮点

文明の接点であることと深いところで関係があるのかも知れませんが、二〇世紀後半のインドシナ半島の現代史を振り返ると、二つの巨大な国際的対立がこの半島に凝縮した形で猛威をふるいました。一つは東西冷戦、もう一つは、少し後から出現した中ソ対立です。第二次世界大戦が終わってから、インドシナ半島では三つの動乱、言い換えると三つのインドシナ戦争が起きました。第一次のインドシナ戦争は、一九四六年から一九五四年まで、ベトナム共産党を中心とするベトミンがフランスからの独立を目指して戦った対仏独立戦争ですが、建国間もない毛沢東の中華人民共和国がベトミンを支援し、アメリカがフランスに武器援助したことからも、東西冷戦の影が見て取れます。一九六〇年前後から一九七五年のサイゴン陥落まで続いた第二次インドシナ戦争、いわゆるベトナム戦争では、中国とソ連が北ベトナムを支援し、アメリカがみずから五四万人余の兵力を投入して南ベトナムを支えました。第一次インドシナ戦争に比べて、冷戦の色彩は一段と濃厚でした。そしてカンボジア紛争、いわゆる第三次インドシナ戦争は、ソ連と結んだベトナムと、中国が徹底的に支えたカンボジアのポル・ポト政権との争いでした。まさに中ソ対立の申し子でした。足掛け一三年間も続いたこの紛争は一九九一年についに終わりましたが、終結の背景となったのは、冷戦と中ソ対立という二つの国際対立軸が消滅したことでした。一九八九年五月、ソ連のゴルバチョフ大統領が北京を訪れて、趙紫陽首相との首脳会談で正式に中ソ関係の正常化を確認しました。天安門事件の直前のことです。また同じく一二月マルタ島では、アメリカのブッシュ大統領とソ連のゴルバチョフ大統領がそろって東西冷戦の終結を宣言しました。こうして、冷戦と中ソ対立が消滅したことによって、インドシナ半島は実に半世紀ぶりに平和を取り戻すことができたのです。もちろん東南アジアの島嶼部も、東西冷戦や中ソ対立の影響をかなり受けました。一九六七年のＡＳＥＡＮ創設の政治的背景にも、冷戦の激化、とりわけ中国という巨大共産主義国家の勢力の東南アジアへの拡張に対するアメリカや日本、それに東南アジア諸国の警戒がありました。しかし、こうした冷戦の影響は、戦争というもっとも暴力的な対決の形態にまで発展したインドシナ半島に比べれば、間接的なものでした。

インドシナ半島のＡＳＥＡＮ化

インドシナ半島が、島嶼部を中心として発展してきたＡＳＥＡＮに入ったということは、このように異質な二つの部分が同じ屋根の下の一つの家族となったわけですから、東南アジアの歴史にとっては画期的な出来事でした。そのことを可能にした最大の要因が、東西冷戦と中ソ対立という二大国際対立の解消と、それによるインドシナ半島の平和への回帰であったことは、先に申し上げたとおりです。

ＡＳＥＡＮの原加盟国であるタイは別として、インドシナ半島諸国のＡＳＥＡＮ化は、三つの段階を経て完成しました。第一段階は、一九九五年七月のベトナムの加盟、第二段階は、一九九七年七月のラオス、ミャンマーの加盟、第三段階は、最後に残ったカンボジアが一九九九年四月についにＡＳＥＡＮ入りを認められたことです。この合体に四年近くもかかったのには、理由があります。ベトナムが加盟した段階では、ラオス、カンボジア、ミャンマーの内政と経済状況があまりにも未成熟でした。長い動乱の後に生まれた新生カンボジアは、よちよち歩きの段階でした。ミャンマーに関しては、軍事政権そのものがＡＳＥＡＮ加盟を躊躇していました。二年後のＡＳＥＡＮ創設三〇周年にあたる一九九七年、この年の議長国、マレーシアのマハティール首相の強いイニシアチブで、ＡＳＥＡＮはこの三カ国を一挙に加盟させて、ＡＳＥＡＮ10の実現を内外に誇示することにしました。ところが、三カ国の加盟を承認する七月のＡＳＥＡＮ外相会議の直前になって、翌年に総選挙を控えたカンボジアで、フン・セン第二首相による対立勢力のラナリット第一首相派への武力攻撃事件が起きました。ＡＳＥＡＮ外相会議は、このような政治暴力を起こす国を加盟させるわけにはいかないと判断して、ミャンマーとラオスだけの加盟を決めました。そして、総選挙も終わって新しいフン・セン政権が確立した一九九九年四月、ようやくカンボジアの加盟が実現したのです。

それはともかく、ＡＳＥＡＮがインドシナへの拡大を目指した目的は三つあったと言われています。第一は、経済力でも軍事力でも強大化しつつある中国に対してバランスを取ることです。ＡＳＥＡＮ諸国の国力はいずれも小さいので、大きなグループとなることで中国の圧力に抵抗しようという考え方です。第二に、一九八〇年代後半から飛躍的に経済力をつけはじめたＡＳＥＡＮ諸国は、インドシナに新たな貿易と投資の市場を開拓することを目指しました。第三は、この拡大によってＡＳＥＡＮの存在感を強め、国際的な発言力を一段と高めることです。ＡＳＥＡＮ側のこうした思惑は、ベトナム、ラオス、カンボジア、ミャンマーといったインドシナ側の国ぐにとっても、プラスと映りました。さらに、相互に国境問題などの潜在的紛争の種を抱えたインドシナ諸国は、ＡＳＥＡＮへの加盟によってそれらの顕在化を抑制できるという計算も働いていたようです。また、隆盛を極めたＡＳＥＡＮという家族の一員になることで安心感を得られるという心理的要素も大きかったと思います。

三、東アジア経済危機の影響とインドシナ半島の政治状況

経済の低迷

日本では、東アジア経済危機の東南アジアにおける影響を見るばあい、日系企業の進出が著しいインドネシア、マレーシア、シンガポール、タイに目が向いて、インドシナ半島にはあまり関心を払わない傾向があります。しかし、東アジア危機はこの地域に、ボディブローのようにじわじわと、結果的には深刻な打撃を与えました。

表1は、インドシナ諸国の経済成長率、外国直接投資、貿易収支、インフレ率の四分野の指標を、危機の前年一九九六年と、危機から一年後の一九九八年とで比較したものです。成長率を見ると、タイは五・五％からマイナス八％へと急降下し、ベトナムは九・三％から四％へ、カンボジアは七％から〇％、ラオスは六・九％から四％、ミャンマーは六・四％から三％へと、

表1　インドシナ5カ国主要経済指標のアジア経済危機前と後の比較

	1996	1998	1996	1998	1996	1998	1996	1998
	経済成長率 %		外国直接投資 $m.		貿易収支 $m.		インフレ率 %	
タイ	5.5	−8	13,124	6,564	−16,602	11,446	5.9	8.1
ベトナム	9.3	4	8,497	4,059	−3,894	−1,840	4.5	9.2
カンボジア	7	0	240	120	−556	−228	5	15.6
ラオス	6.9	4	960	114	−392	−331	15.9	142.0
ミャンマー	6.4	3	2,814	29	−610	−9,810	16.3	51.5

出所　経済企画庁編『アジア経済1999』、アジア経済研究所編『アジア動向年報1997および1999』、*EIU*。但しラオスへの外国直接投資1998年の欄は1997年の数字。

いずれも大幅に減速しました。外国投資も半分ないしそれ以下に落ち込みましたが、特にひどかったのは、ほぼ百分の一、つまり一％にまで減ってしまったミャンマーです。

もちろん島嶼部の国ぐにも、同じように成長率の低下、外国直接投資の大幅な落ち込みを記録しました。成長率ではマイナス成長にまでなったところも多く、その意味ではインドシナ諸国よりも深刻な打撃を受けたと言えます。しかし、これら島嶼部とタイの経済の落ち込みは、一九九九年には底を打ち、輸出の好調に支えられて、いったんかなり顕著な回復傾向に転じていきました。他方、タイを除くインドシナ諸国のばあい、島嶼部と比べて質的な違いがあります。島嶼部は、国によって程度の差はありますが、おしなべて一九八〇年代後半以降の急速な経済発展でかなり生活水準が向上し、インフラその他の経済基盤も強くなりつつありました。ところが、大陸部のインドシナ諸国は、タイを除いていずれも経済発展の後発組で、これから島嶼部（およびタイ）の水準に追いつこうと、懸命に努力している最中でした。その努力が、この経済危機によって腰を折られてしまったのです。しかも、一九九九年になっても、カンボジア以外では回復の兆しは現れませんでした。

東アジア経済危機の影響の中でも、外国直接投資の激減はインドシナ諸国にもっとも大きな打撃を与えました。これら諸国への外国直接投資の供給源は、韓国、台湾、香港、それに規模では少し落ちますが日本といった北東アジアの工業先進国と、シンガポール、マレーシア、タイ、インドネシアといった同じＡＳＥＡＮの先輩国との二つに大別されます。そのいずれも、東アジア危機によって投資余力が大きく低下しました。こうして、ＡＳＥＡＮにとってみれば、インドシナ半島への拡大の目的の一つであった新しい市場の開拓と育成は、少なくとも当分、絵に描いた餅になってしまったと言えるでしょう。

大陸部と島嶼部との構造的格差

ＡＳＥＡＮの将来にとって、インドシナ半島への拡大が凶と出るか、吉と出るかを占う上で、島嶼部との間の経済の構造的格差を検討することも重要な作業の一つです。

表2は、一九九九年における両者の人口、国内総生産（名目）、一人あたり国民所得の三項目の指標を示したものです。人口ではＡＳＥＡＮ全体約五億人のうちインドシナ半島、つまり大

表２　ASEAN10における大陸部、島嶼部の経済規模、所得水準比較（1999）

	人口（万人）	GDP（億＄）	GDP/人（＄）
大陸部			
ベトナム	7,800	287	364
タイ	6,000	1,220	2,006
ミャンマー	4,500	64	143
カンボジア	1,200	30	275
ラオス	500	14	274
小計	20,000	1,615	
島嶼部			
インドネシア	20,700	1,413	675
フィリピン	7,400	766	1,030
マレーシア	2,300	790	3,621
シンガポール	400	838	23,806
ブルネイ	33	44	13,870
小計	30,833	3,851	
総計	50,833	5,466	

出所　外務省ホームページ（2001年11月）『目で見るASEAN—ASEAN経済統計基礎資料—』から

陸部は約二億人、島嶼部は約三億人で、比率は二対三、つまり大陸部がやや島嶼部を下回っているだけです。しかし、経済規模をあらわす国内総生産では、インドシナ半島はタイを入れてもＡＳＥＡＮ全体のわずか二九％強、島嶼部が実に七〇％余と圧倒的に差が開いています。さらに、生活水準をあらわす一人あたりの国民所得になりますと、タイを除くインドシナ四カ国はそろって四〇〇ドル以下（ミャンマーは実勢レート換算）で、島嶼部の諸国が国内の混乱にあえぐインドネシアを除いてすべて一〇〇〇ドル以上（シンガポールにいたっては二万三八〇〇ドルと、日本、欧米と肩をならべる高さ）であるのに比べると、衝撃的と言ってよいほどの対照をなしています。

なぜ、タイを除くインドシナ半島諸国と島嶼部との間に、経済の格差がこうまで大きく開いてしまったのでしょうか。最大の原因は、先にも申し上げたように、第二次世界大戦の終了後、ほぼ半世紀にわたってインドシナ半島で動乱が繰り返されたことです。国のエネルギーは戦争に注がれて、経済建設にまわる余力がありませんでした。ミャンマーは戦争をしたわけではありませんが、軍人を主体とする一党独裁体制の下で、一九六二年から一九八九年までビルマ型社会主義という閉鎖的な社会主義を採用して、その結果経済情勢が悪化を続け、一九八七年にはついに国連から最貧国（LDC）に位置付けられたほどでした。インドシナ半島の諸国の経済にとって、第二次世界大戦後から一九八〇年代の終わりまでは、「失われた四〇年」だったと言えるでしょう。この間、島嶼部とタイは一九六七年のASEAN創設以後、相対的に政治の安定した状態――フィリピンでは反マルコス・クーデターがありましたが――を続け、この安定の上にアメリカや日本からの援助と投資を得て、経済発展のレールを順調に走ることができました。

しかし、インドシナ半島の経済発展が遅れた理由は、ほかにもあるように思えます。それは、政治体制の問題です。ベトナムとラオスはいまだに共産党の一党独裁体制の下におかれています。両国とも、マルクス＝レーニン主義による中央計画経済を推し進めてきましたが、結局経済状態は破綻に近いところまで悪化し、とうとう一九八六年末に市場経済の導入に踏み切りました。ベトナムでは、この新しい政策を「ドイ・モイ」（刷新）と呼びました。ソ連のゴルバチョフ政権が打ち出したペレストロイカ、中国の鄧小平が断行した改革・開放路線のベトナム版と考えてよいでしょう。もし、ベトナムとラオスが政治面でも複数政党制といった自由主義に転換していれば、この市場指向型経済は急速に発展していったにちがいありません。しかし、共産党の一党独裁体制を維持したままで市場経済を採り入れても、これには限界があります。共産党の独裁体制を支える経済基盤は、国営企業です。市場経済によって民営企業が大きくなり、国営企業を圧迫するようになると、どうしてもこれを抑える必要が生じてきます。また、個人の創意工夫や企業家精神が広まると、政府による統制も利かなくなります。こうして、ベトナムやラオスでは、市場経済を導入してからも、常に、市場経済が強くなりそうになると、党の保守勢力がこれを抑制する動きを示し、その結果経済発展の速度が落ちるとまた市場経済に力を入れるという行きつ戻りつのジグザグの軌跡を描いてきました。

中国も共産党の一党独裁体制を続けているので、その改革・開放政策にも、本質的なところではベトナムと同じような限界はあります。ただし、中国にはどうも指導者が強烈な政治的指導力を発揮する伝統があるようです。急進派の毛沢東、実利を重んじる鄧小平、その政治傾向は正反対ですが、いずれも権力を握ると党内の反対派を抑えつけて、自らの政治路線を強力に推進しました。鄧小平路線を引き継いだ江沢民＝朱鎔基体制も、保守派の李鵬・全人代常務委員長らを抑えて改革・開放政策を前進させています。ベトナムは、同じ共産党の一党独裁体制をとっていても、こうした中国とは対照的に、コンセンサス重視の集団指導の伝統をもち、中国のように独裁的権力者が生まれず、従って指導部が強力な指導力を発揮できない体質があります。もちろん、その時々に応じて保守派が優勢であったり、改革派の発言力が強くなったりという左右への揺れはありますが、基本的には保守派と改革派のせめぎ合いが続いてしまうのです。

ミャンマーのばあいは、経済発展の足を引っ張っている最大の原因は、軍事政権から文民政権への転換ができないがための政治的不安定にあります。一九八八年に、経済情勢の悪化から国民の反政府暴動が起こり、軍部がクーデターによってネ・ウィン将軍のビルマ社会主義計画党の一党独裁体制を転覆させました。新しくできた軍事政権は社会主義と決別して市場経済を導入し、この国の経済は一九九二年から高い成長率を記録するようになりました。しかし一九九〇年の総選挙でアウンサン・スーチー女史の率いる国民民主連盟が議席の八〇%を獲得したにもかかわらず軍事政権は政権を手放しませんでした。その後も軍事政権はスーチー女史を自宅に軟禁するなど、国民民主連盟に対する弾圧を続け、またスーチー女史の側も軍事政権との対話を頭から拒否するという頑固な姿勢を変えず、手詰まりの対立状態が続きました。二〇〇〇年に入ってから軍政側とスーチー女史の側との間で非公式の対話がはじまりましたが、二〇〇一年末現在ではまだ決定的な前進は見られていません。欧米は、軍事政権が人権を侵害し、かつ民主主義を踏みにじっているとして経済制裁を課し、それがこの国の経済に大きな打撃を与えました。また、軍事政権に経済のわかる専門家、実務家がいないこと、その結果、市場経済を導入しても効果的な経済政策を打ち出せないでいることも、折角生まれた高度成長の芽を伸ばせなかった大きな理由でしょう。そこに、東アジア経済危機の影響の大波が押し寄せてきて、経済状況は一段と悪化したのです。

強まる政治の保守化傾向

経済の停滞とならんで、ここ数年、タイを除くインドシナ半島の国ぐにで特徴的なことは、政治における保守派勢力が台頭したことでした。それはベトナムとミャンマーという二つの大国で明確に見て取れました。まずベトナムでは、一九九七年一二月の党中央委員会総会で、一貫して軍の政治将校畑を歩いてきて、イデオロギー的には保守派のレ・カ・フュー人民軍政治総局長が書記長に選ばれました。これは、ベトナム指導部の保守傾向への転換点でした。ベトナムの政治においては、共産党書記長、大統領、首相という三つのポストがもっとも重要とされています。中でも、共産党一党独裁の国ですから、共産党の最高ポスト、書記長が何と言っても要でしょう。ただし、「ドイ・モイ」が進むにつれて行政府の発言力も増して、首相の重みは以前よりは大きくなりました。大統領（国家主席）は実権こそあまりありませんが、権威ある名誉職と言ってよいでしょう。また、かつてはラバー・スタンプ、すなわち党と政府の決めたことに従順に判を押すだけの存在と蔑まれていた立法府の国会も、少しずつ重要性を増しているると言われます。とは言っても、選挙の候補者がほとんどすべて党によって決められているのが実情ですから、本当に独自性を発揮するにはほど遠いのが現実です。いずれにしても、党の書記長が依然として政治の要であることには変わりはありません。

この書記長人事が決まるまでに、ベトナム共産党内部では一年半にわたって保守派と改革派の熾烈なせめぎ合いが展開されました。ほんとうは前年六月の第八回党大会でド・ムオイ書記長、ヴォー・ヴァン・キエト首相、レ・ドク・アイン大統領の三首脳の後任が選出されるはずでしたが、党内の調整がつかず、この大会では最高首脳の人事は見送りになったのです。もう少し細かいことを申し上げますと、首脳部人事を決めるには、保守派、改革派の相違だけでなく、北部、中部、南部という三地域の間のバランス、党、軍部、行政府のバランスも考慮の対象とすることが習わしになっています。そして一年後の一九九七年六月に、まず新首相に改革派で南部出身のファン・ヴァン・カイ副首相を任命することだけが内定しましたが、書記長と大統領の人選はさらに持ち越しとなりました。そして、ようやく半年後に、中間派で山岳民族出身のチャン・ドク・ルオン国会議長を大統領に、保守派で軍部出身のレ・カ・フュー氏を書記長に決めたのです。

このあと、保守派は党内で徐々に発言力を強めていきました。これに関連して、一九九九年に世界をおどろかせる出来事が起きました。ベトナムがアメリカとの通商協定の調印を延期してしまったことです。アメリカとの通商協定の締結は、ベトナムの対米輸出を飛躍的に発展させ、またアメリカを先頭とする外国投資を一挙に増やすものとして、長年ベトナムが強く望んでいたことでした。そして困難な交渉の末、九九年七月にやっと仮調印にこぎつけ、九月のAPEC（アジア太平洋経済協力会議）の首脳会議の折に、クリントン大統領とファン・ヴァン・カイ首相との間で正式調印をする段取りになりました。ところが、その直前になって、ベトナム側から突然、調印延期の申し出があったのです。ハノイの観測筋によりますと、これはベトナムの保守派、とりわけ軍部から横槍が入ったためと言われました。ベトナムではいぜんとして国内総生産の半分以上を国営企業に頼っており、しかもその大半は赤字になっています。アメリカと通商協定が結ばれると、アメリカの資本がどっと入ってきて、特に赤字の国営企業が乗っ取られる恐れがある、と保守派は心配したのだと言います。その後、香港を本拠とするアジア問題専門の週刊誌、『ファー・イースタン・エコノミック・レビュー』が報じたところでは、ベトナム共産党内の保守派だけでなく、中国もハノイにアメリカとの通商協定の調印延期を働きかけたということです。それはともかく、その後レ・カ・フュー書記長自身の口からこの協定への批判的な考えが明らかにされました。二〇〇〇年二月二日、ベトナム共産党創立七〇周年の記念式典で、書記長は「帝国主義は今も世界に存在して社会主義国家の転覆を試みている」とした上で、この協定に触れて、「帝国主義が貿易、サービス、投資の自由化をしてグローバリゼーションを加速すると、富める国と貧しい国のギャップはますます広がっていく」と決め付けたのです。党内保守派が調印に待ったをかけたという観測は、この演説で裏づけされました。

ところが結局この通商協定は、二〇〇〇年七月一三日、ワシントンで正式調印にこぎつけました。このときは、中国が前年とは逆にベトナム政府に調印を促したという観測を先の『ファー・イースタン・エコノミック・レビュー』誌が流しました。中国はＷＴＯ（世界貿易機関、ＧＡＴＴの後身）加盟についてアメリカの同意を取り付ける交渉を続けてきましたが、その目鼻がつく前にベトナムがアメリカと通商協定を結ぶと、ベトナムの対米輸出がどっと増え、中国がＷＴＯ加盟問題でアメリカの同意を得て恒久的な最恵国待遇を取り付けても、ベトナムとの競合商品の多い中国の対米輸出に差し障りが生じます。それで中国は前の年、ベトナムに調印延期の圧力をかけたのですが、ＷＴＯ加盟問題でのアメリカとの交渉が九九年一一月に妥結したので、もうその心配はなくなった、というのです。

これとは反対にアメリカの分析によりますと、ベトナム指導部は、中国がＷＴＯ加盟に向けて大きく前進したので、中国製品がアメリカ市場を抑えてしまう前に通商協定を結んでおこうと調印に踏み切ったのだ、とされています。真相がどこにあるのかはなかなかわかりませんが、少なくとも経済でのアメリカとの結びつきを重視する改革派にとって、好ましい結果となったことは確かでしょう。このことが一つの予兆だったのでしょうか、二〇〇一年の第九回党大会ではレ・カ・フュー氏の書記長再任が認められず、中間派のルオン大統領が新書記長に選出されました。保守傾斜にいったんブレーキがかかったかっこうです。

ミャンマーでは、軍事政権とアウンサン・スーチーさんの国民民主連盟との対立は完全に膠着状態に陥っています。これに欧米、日本による経済制裁が加わって、問題はいっそう複雑です。それでも一九九七年七月のＡＳＥＡＮ加盟以後、九九年前半にかけて、軍事政権側がやや態度を軟化させる兆しがありました。九七年一〇月には、対軍事政権批判の急先鋒であるアメリカから、国務長官特使としてアマコスト元国防次官補の一行がヤンゴンを訪れましたし、続いてフィリピンのラモス大統領も公式訪問を行いました。軍事政権は九七年一一月に、権力の最高機関、国家法秩序回復評議会（ＳＬＯＲＣ）を解体して、国家平和発展評議会（ＳＰＤＣ）に改め、悪名高い汚職閣僚を追放しました。これは、ＡＳＥＡＮ加盟にともなって、軍事政権のイメージを高める措置でした。ＯＤＡ（政府開発援助）のうち円借款を凍結していた日本が、わずか二五億円ですがヤンゴン国際空港の施設改修用に円借款を再開することを決定したのは、翌年二月のことです。九九年七月には欧州連合（ＥＵ）から代表団が訪れました。こうした国際社会の動きはいずれも、軍事政権に国民民主連盟との対話を促し、民主的解決への糸口をつけることを目指したものでした。昨年一一月にマニラでＡＳＥＡＮ拡大首脳会議が開かれたさい、わずか一五分間でしたが小渕首相（当時）がミャンマーの国家元首に相当するタン・シュエ国家平和発展評議会（ＳＰＤＣ、国家権力の最高機関）議長（上級大将）と非公式の首脳会談を行い、野党との対話の必要を訴えました。

しかし、軍事政権とアウンサン・スーチー女史およびその国民民主連盟との対立緩和への突破口はなかなか開けませんでした。その理由は二つあります。一つは、欧米の圧力に対する軍事政権内部の反発が強まり、態度を再び硬化させるようになったこと、もう一つは、アウンサン・スーチー女史が国際社会の反軍事政権の空気をたのんで一切の妥協を拒む強硬姿勢をとっていたことです。ようやく二〇〇〇年末から二〇〇一年初めにかけて、軍事政権のナンバー・スリー、キン・ニュンＳＰＤＣ第一書記（中将）とスーチー女史の間で話し合いがスタートしましたが、関係改善に向けて大きな進展があったという報道はまだありません。こうしてミャンマーは、政治的緊張の継続、それによる経済の一層の悪化という悪循環から抜け出す手がかりを、まだ当分つかめそうにありません。

四、新たなパワー・ゲームの兆し

強まる中国の影響力

国際政治の観点からいまのインドシナ半島を見ると、外部の大国の影響力争いが復活してきた兆候が現れています。かつてはアメリカ、中国、それにソ連がこの半島で影響力を競い、それが三つのインドシナ戦争の火に油を注ぎました。いま、ベトナム戦争に敗れたアメリカはインドシナ半島からすっかり手を引きました。こんどの主役は中国、インド、それにある意味では日本です。なかでも何より目を引くのは、中国の影響力の拡大が著しいことです。

(1) カンボジア

たとえばカンボジアですが、最近、首都プノンペンの目抜き通りで急に漢字の看板が増えました。実はこうした現象の背後には、この国への中国の政治、経済面での急激な進出があったのです。カンボジアは人口一千万人強の小国で経済的にもインドシナ半島のなかでもっとも貧しい国の一つですが、中国はこの国を伝統的に重視してきました。というのは、カンボジアは半島の二つの大国で伝統的なライバルであるベトナムとタイの間にあって、緩衝地帯の役目を果たすと同時に、インドシナ半島の中央に位置するという戦略的要衝でもあるからです。カンボジアがベトナムかタイのどちらか――とりわけ、歴史的に中国に楯突くことの多かったベトナム――の圧倒的な影響下に入ると、その国がインドシナ半島を牛耳るようになる。中国としては南の〝やわらかい下腹〟であるインドシナ半島で、一つの国が支配的になると、中国を南から脅かす恐れがあると考えて、何とかこれを防ぐことをインドシナ政策の柱の一つにしてきました。そこで、タイとベトナムの間に位置するカンボジアに力を入れてきたのです。一九五〇年代から六〇年代にかけてはシアヌーク殿下を、七〇年代後半の民主カンプチア政権の時期にはポル・ポト政権を、この政権がベトナム軍に追われてゲリラ化してからは一九九一年の和平成立までポル・ポト派ゲリラを、中国は支援しました。

カンボジア紛争が終わって新政権が生まれると、中国は「すべての派とよい関係をもつ」という全方位のカンボジア政策に転換しましたが、人民党のフン・セン首相がカンボジア政界で圧倒的な力をもつようになると、「フン・セン支持」をカンボジア政策の柱に据えました。一九九六年からのことです。一九九七年七月にフン・セン首相がライバルのフンシンペック党を武力攻撃して世界から非難を浴びたときも、中国だけは公然とフン・セン擁護の立場をとりました。さらに一九九八年、この武力攻撃事件と東アジア経済危機の影響でカンボジアへの外国直接投資が激減したとき、中国は逆に投資を増やし、投資国ナンバー・ワンの座を確保したのです。翌一九九九年には、日本などカンボジア支援国・機関の年間援助額が四億七千万ドルだったのに対して、このグループに入っていない中国は単独でその半分に近い二億二千万ドルの無利子・無期限の借款および無償援助を供与したという現地紙の報道があります。こうした中国の積極的な姿勢に対して、フン・セン政権も「中国は世界の大国であり、常に他国の主権を尊重する国だ」（ホー・ナムホン外相）とエールを送って応えています。

こうしたカンボジアの例は、インドシナ半島における中国の影響力拡大の一つに過ぎません。むしろ、中国の影響力はインドシナ五カ国全部で強まっている、というのが実態です。

（2）ベトナム

一九七〇年代後半から一九九一年まで中国と激しく対立し、一時は戦火まで交えたベトナムは、保守派が勢力を確立してから、急速に中国に接近しました。中国のほうも、一九七〇年代後半にベトナムに厳しい態度を取って結局ソ連側に追いやったのは誤りだった、という反省が定着して、むしろベトナムを中国側に取り込む政策に転換したと見られています。こうした雰囲気の下で、両国は九九年一二月、歴史的に紛争の種となってきた陸上国境の画定に関する条約に正式調印しました。また二〇〇〇年一二月にはトンキン湾の領海線の画定も実現しました。経済面でも中国のベトナムへの積極的な姿勢が目立っています。日本経済新聞の現地電によりますと、一九九九年から中国企業関係者のベトナム訪問がひんぱんに行われ、これまで出遅れていた投資も二〇〇〇年には一〇位以内に躍進する見通しだとされています。またベトナムの国営企業の効率化を指導するために、中国の専門家が入れ替わり立ち代りやってきているといいます。他方、ベトナムからも、中国、とりわけ国境を接する広東省などに経済視察団が数多く派遣されるようになりました。

ベトナム側の対中接近の理由は何でしょうか。おそらく次の三点が指摘できると思います。第一は、市場経済を導入しながら、つまり改革・開放政策をとりつつ、他方で共産党の一党独裁を維持するという綱渡りのようなむずかしい課題を、中国と共有していることです。この問題では、ベトナムにとって中国は先輩であり、かつ教師でもあるのです。第二は、アメリカを先頭にヨーロッパ、日本などの資本主義国が、政治面では民主主義と人権、経済面では自由主義という価値観を掲げていて、それが共産党一党独裁という権威主義的な体制をとるベトナムにとって強い圧迫感を与えていることです。中国はこうしたアメリカなど西側の価値観に反対するアジア最大の、というより世界最大の国であり、その意味でベトナムにとって中国は頼りになる存在なのです。

第三は、巨大かつ強大な中国と国境を接しているという地政学的な条件そのものです。中国の怒りをかうようなことは避け、その意向を慮ることが、歴史的に長い間ベトナムの指導者たちの習性になってきました。ただし例外はあります。ソ連という中国をしのぐ強国が中国と対立していたとき、ベトナムは中国の理不尽な要求に抵抗するためにソ連と結んで中国と袂を分かつ道を選びました。しかし、激怒した中国が「ベトナムの血を最後の一滴まで抜き取る」と言ってあらゆる面でベトナムを圧迫したため、ベトナムは苦境のどん底に陥りました。やがてソ連も自己崩壊して頼りにならなくなりました。結局ベトナムは、中国に膝を屈して関係修復を請う羽目になったのです。ベトナムは中国の〝こわさ〟を骨身にしみて感じました。ハノイの指導部はこの教訓を決して忘れていません。

ただ、いまのベトナムの対中姿勢が不変のものと見るのは間違いでしょう。党内の保守派と改革派の力関係が、いつの日か西側に顔を向ける改革派に有利になったとき、ベトナムが中国ともっと距離をおくようになる可能性もあります。それでも、中国と面と向かって対立するような危険は避けると考えておかなければなりません。

(3) タイ

タイと中国の関係について、日本ではあまり目を向ける人はいませんが、これまたベトナムに劣らず緊密です。ベトナムと中国のように共産主義というイデオロギーのつながりはありませんが、もっぱら政治、経済上の理由から、タイはすでに一九七九年から、中国と事実上の同盟関係と言われるほどの密接な関係を結んでいます。一九七八年一二月に、中国と対立したベトナム軍がカンボジアに侵攻し、ポル・ポト政権をプノンペンから追い払って、カンボジアのほぼ全土を占領するという事態になりました。ベトナムをライバル視していたタイは、カンボジアという緩衝地帯がなくなってベトナム軍がタイ国境にまで迫ったことに大変な脅威を感じました。その結果、ポル・ポト派ゲリラを支援してベトナムと対抗しようという中国と結んだのです。

カンボジア紛争が終わって状況は変わりましたが、こうした両国の緊密な関係はいぜんとして続いています。九九年、中国の唐家璇外相がバンコクを訪問して、タイのスリン外相との間で二一世紀に向けての行動計画という協定に調印しました。これは安全保障から貿易、農業、海運など一五の分野で協力関係を強化するという内容のものです。中国側はこれと同様の行動計画協定を東南アジア各国と締結する意向で、その第一号にタイをえらんだのです。また四月にはチュアン首相が北京を、江沢民主席が九月にバンコクをそれぞれ訪問して、関係緊密化をうたいました。中国にとってタイは、インドシナ半島でベトナムとならぶ大国であり、かつ東南アジア島嶼部に進出するための拠点でもあります。またタイにとって中国は、貿易の上でも投資の対象としても重要なマーケットですが、とりわけ安全保障上の考慮も、中国重視の大きな背景にあるようです。伝統的に周囲の大国の力関係に敏感なタイは、第二次世界大戦後は最大の強国、アメリカと結びました。しかし、ベトナム戦争でアメリカが「アジアからの撤退」の方向に大きく転換したため、アメリカ依存以外の新たな選択を迫られました。そこで、政治、経済、軍事の各面で大国として台頭してきた中国に目を向けることにしたのです。もちろん、アメリカ、日本とも緊密な関係を保っていますが、中国とも密接な関係をもつことによって戦略的にバランスをとるというのが、タイの本音でしょう。

（4）ミャンマー

ミャンマーへの中国の影響力の浸透も、国際的に注目されるようになりました。一九九八年のことですが、ミャンマーを調査で訪れたとき、この国に関係の深いヨーロッパのある国の外交官が「マンダレー（中部にある第二の都市）から北は経済的には中国の植民地のようなものだ」と語っていましたが、それが誇張ではないほど、中国の進出には著しいものがあります。欧米や日本が野党、国民民主連盟に対する軍事政権の強圧的な姿勢を人権侵害、非民主的と非難して経済制裁を課しているのに乗じて、中国はミャンマーへの経済援助を強化し、高速道路、鉄道の修復や建設、水力発電所やダムの建設、さらにはマンダレー国際空港の建設などを一手に引き受けているのです。経済だけではありません。軍事面でも、中国は一九九七年にミャンマーと軍事協力協定を結んで、士官の訓練、武器の供給、軍事情報の交換を進め、いまではミャンマー国軍の兵器の大半は中国製だと言われるほどです。ロンドンの「国際戦略研究所（IISS）」の出している戦略情報誌、『ストラテジック・コメント』（二〇〇〇年七月号）は、一九九〇年代に中国がミャンマーに供与した兵器の総額を一〇億ドルから二〇億ドルの間と見積っています。国際的に注目されているのは、インド洋に面したミャンマーのいくつかの島に中国がレーダー、通信基地を設けたという観測がなされていることです。また、雲南省からミャンマーのイラワジ川を通り、さらに陸路インド洋に出る交通路を建設する計画をミャンマーに持ちかけていると言われます。この交通路が完成すると、中国は、ペルシャ湾からの原油および通商の大動脈として戦略的にきわめて重要なインド洋への出口を確保することになります。

諸大国の反応

インドシナ半島における中国の影響力拡大は、アメリカ、日本、インドといったこの地域に関心を持つ外部の大国にとっても気になるところです。しかし、アメリカと日本の対応はにぶいようです。

アメリカのクリントン政権は、インドシナ半島に対してほとんど戦略的関心を持っていませんでした。ベトナム戦争の後遺症なのでしょう。ミャンマーに対しても人権の問題にこだわって、軍事政権が中国依存を深めていることには目をつぶっているような印象を受けました。むしろ、クリントン政権のアジア政策は中国重視の色合いが一貫して濃いのが特徴でした。ただし、マラッカ海峡から北東アジアに向けての海上交通の要衝である南シナ海の安全確保には大きな関心を払うようになったと見られています。二〇〇〇年三月にベトナムを訪れた当時のコーエン国防長官は、ベトナム側に、アメリカ艦船のベトナム寄港を認めるよう申し入れました。

この提案の背後には、将来、ロシアによるカムラン湾の租借期限が切れた後、アメリカがここを利用できるようにしたいという思惑があったようで、これも南シナ海をにらんでのアメリカの戦略の一つでしょう。また、ベトナムと通商協定を締結したのも、インドシナにおけるアメリカの経済的影響力の足場をつくっておきたいという長期的な目的と無縁ではありませんでした。こうした傾向、特に南シナ海のシーレーンの自由航行確保は、クリントン民主党政権の後に登場したブッシュ共和党政権も、大いに力を入れているように見えます。

日本は、インドシナ半島での中国の影響力拡大に目立った対応はしていません。もともと戦後の日本外交は戦略的な発想に乏しく、大国のパワー・ゲームには傍観するだけという習性がしみこんでいるのです。カンボジア和平のプロセスでは、はじめて政治的役割を試みて、ある程度成功したのですが、カンボジア以外では、ひたすら経済援助によって日本のプレゼンスを主張して行こうという従来型の姿勢が続いています。ただ、ミャンマーにおける中国の進出ぶりには、与党自民党の一部から警戒の声が高まっており、政府に対して経済援助の早期再開を迫っています。また政府も、援助再開の突破口をつくるために、ミャンマーの軍事政権に対して、アウンサン・スーチー女史との対話を働きかけています。

インドシナ半島への中国の進出にもっとも神経を尖らせているのは、ミャンマーに隣接し、歴史的にも東南アジアと深い関わりを持ってきたアジアのもう一つの巨大国、インドでしょう。

インドは国民会議派政権の非同盟・中立路線の時代から、ベトナムとはきわめて良い関係を持ってきました。二〇〇〇年三月には、フェルナンデス国防相がベトナムを訪問して防衛協力協定を締結し、ベトナム軍のジャングル戦の訓練をインド軍が受け持つことになりました。また、経済面でも、インドはベトナムとの協力に力を入れる方針だとされています。さらに、インド海軍は東南アジアでの存在を誇示するために、南シナ海で洋上演習を行うとの観測があります。これが実施されると、南シナ海全域の領有権を主張している中国を強く刺激することになるでしょう。しかしインドが特に力を入れているのは、隣国のミャンマーです。従来〝世界最大（人口の上で）の民主主義国〟を自負してきたインドは、民主主義の建前からアウンサン・スーチー女史の国民民主連盟に同情的で、軍事政権には批判的でした。しかし一九九三年ごろから、このままではミャンマーの中国への依存が深まるだけだと判断して、軍事政権に対して柔軟な姿勢に変わったと言われます。『ファー・イースタン・エコノミック・レビュー』誌や『ストラテジック・コメント』によりますと、ミャンマーの軍事政権はナンバー・ワンのタン・シュエ国家平和発展評議会議長が最近健康上の理由から辞意をもらしており、その後任の座を狙って、ナンバー・ツーで戦闘部隊を掌握しているマウン・エイ副議長（大将）と、ナンバー・スリーで情報部門を握るキン・ニュン第一書記（中将）の間で熾烈な権力闘争が起きる可能性が大きいと見られています。この二人は中国に対する姿勢が正反対で、マウン・エイ副議長は対中警戒派、キン・ニュン第一書記が親中派とされていますが、インドはいち早くマウン・エイ副議長への接近を図っているということです。こうしたインドの反応を見ますと、インドシナ半島が中国文明とインド文明の交錯する位置にあるという地政学的条件、言い換えれば中国とインドの勢力がぶつかる歴史的な条件にあるということがよくわかります。

五、むすび

ここで、最初に申し上げました基本的な問題、すなわちＡＳＥＡＮがインドシナ半島全域に拡大したことは、果たしてＡＳＥＡＮの将来にとってプラスになるのか、マイナスになるのか、もっときめの細かい表現をすれば、プラスの要因が大きいのか、マイナスの要素が多いのか、という問題に立ち返りましょう。結論を言いますと、答はいまのところ、大いなる疑問符だというのが、いちばん正確だと思います。あえて申し上げれば、ＡＳＥＡＮはインドシナ半島に拡大したことによって、新たな問題の種を抱え込むことになりました。ただその問題の種が、ＡＳＥＡＮの将来にとって手に余るものなのか、あるいは時間が経てばそれほど深刻なものでなくなるのかは、まだわかりません。ひとつはっきりしていることがあります。ＡＳＥＡＮのインドシナ半島への拡大は、ＡＳＥＡＮ10の実現、東南アジア全域のＡＳＥＡＮ化ともてはやされましたが、その実体は決してバラ色一色ではないということです。

これまで、タイを除くインドシナ半島諸国の経済の構造的な困難や、中国の影響力の急速な拡大を指摘してきましたが、このほかにも、ASEANにとってやっかいな問題の種がありま す。一つは、旧フランス領、つまりラオス、カンボジア、ベトナムの三国が、ASEANの中でサブ・ブロック（域内小ブロック）を形成していくのではないか、ということです。

九九年一〇月、ラオスの首都ビエンチャンでこの三国の非公式首相会議が行われて、ベトナム、ラオス、カンボジアが「発展の三角地帯」をつくるという構想を打ち出しました。ロンドンの『エコノミスト』誌の発行元、エコノミスト・グループの出している『EIU』（エコノミスト・インテリジェンス・ユニット）という情報誌は、ASEAN内部の見方として、この会議は、ASEANの内政不干渉の原則の見直しに反対するための三国によるグループづくりが目的だったという観測を紹介しています。もともとASEANは、国情もちがえば政治体制も多様な国が集まってできた機構です。お互いの内政に他国が口を出すとせっかくの結束がばらばらになってしまうというので、加盟国同士は他国の内政に干渉しないことを基本的な原則にしてきました。ところが、ミャンマーの人権問題がきっかけで、一九九八年から九九年にかけて、タイが先頭に立って、「内政不干渉」を「柔軟関与」に変えようという動きが出てきました。フィリピンもこれに同調しました。「柔軟関与」というのは、建設的な忠告や助言をすることを意味しています。建設的な、という形容詞がついてはいますが、他国の内政に口を出すことに変わりはありません。そこで、当のミャンマーはもちろんのこと、インドネシア、マレーシア、ベトナムなどが猛然とこれに反対しました。結局、タイはこの主張を引っ込めましたが、完全にこうした考え方をやめたわけではありません。また民主化の進んだフィリピンは政府そのものが、さらにASEAN諸国の世論の中にも、タイの考え方を支持する勢力がかなりあります。

スハルト大統領が退陣したインドネシアが最大の例ですが、ASEANの中には政治的安定に揺らぎの生じる恐れのある国がないとは言えません。ある国の内紛が国際的な批判を浴びたり、周辺諸国に影響をおよぼしそうになったとき、他のASEANの仲間は、いつまでも見て見ない振りをしていられるでしょうか。すでにASEANの無力ぶりが強く印象付けられた例がありました。インドネシアの東ティモールが独立するとき、反対派が賛成派住民を多数殺戮して国際的に大問題になりました。このとき、内政不干渉を建前とするASEANはこれを収拾する手を何ひとつ打てず、結局オーストラリア軍を中心とする国連の平和維持軍が乗り込んでいって事態を収めたのです。この経緯はASEAN内部にも深い挫折感を残したと言われています。今後、またこうした状況が起きたときに、ASEANがこれまで同様、内政不干渉を貫けるかどうかは疑問でしょう。

しかし、権威主義的な体制にある国ほど、外部から内政に口を出されるのを嫌います。その意味で、ベトナム、ラオス、カンボジアが「内政不干渉原則の固持」で結束するのではないかという観測は、あながち根拠がないとは言えません。これにミャンマーやマレーシアを加えると、ASEAN内には近い将来、この原則の変更の可否をめぐって二つのグループができて、その間に深い亀裂が生じる可能性があると思います。

内政不干渉原則の問題と離れても、ベトナム、ラオス、カンボジアという旧仏領インドシナ三国がASEAN内の域内小ブロックを形成する可能性があります。この地域が特別の結びつきを持つようになったのは一九世紀後半にフランスがこの三国を植民地化したのがきっかけですが、それ以後、インドシナの現代史の中で、三国の連携をはかる試みは何度も表面化しました。まず最初に、現在のベトナムの基礎を築いた故ホー・チ・ミン率いる共産主義者たちが、一九三〇年にインドシナ共産党を設立したとき、その綱領に三国によるインドシナ連邦結成という目標をかかげました。次いでベトナム戦争が終わった一九七〇年代後半になると、ベトナムはいずれも共産党が政権を取ったラオスとカンボジアに「三国の特別の関係」構築を働きかけ、結局ラオスとは一九七七年に、カンボジアとはポル・ポト政権を追放した直後の一九七九年に、親ベトナムのヘン・サムリン政権との間で友好協力条約を締結して、「戦闘的連帯にもとづく三国の特別の関係」を実現しました。三国の外相会議は毎年、また首脳会議も随時開かれて、三国はベトナムの指導下で完全に一つのブロックとなったのです。これには中国が猛然と反発し、結局三国の「特別の関係」ネットワークはカンボジア紛争の終結で実体を失いました。しかし当時結ばれた友好協力条約はいまでも生きています。政治的にもラオスはベトナム共産党と深く結びついていますし、カンボジアのフン・セン首相の属する人民党はもとはと言えばベトナムがポル・ポトを追い出すためにつくったものでした。こういう歴史的な経緯を見ますと、三国が何らかの形で連携を深める可能性はまったくないとは言えません。

第二のより差し迫った問題は、ミャンマーという〝問題児〟の扱いです。ミャンマーを抱えたことによって、現実にASEANと域外との関係にはかなり不都合が生じています。ASEANは日本、韓国、中国を入れて一九九六年から、欧州連合（EU）との首脳会議、「アジア欧州会議」（ASEM）をスタートさせました。その翌年、ミャンマーがASEANに加盟しましたが、一九九八年ロンドンで第二回会議が開かれたとき、欧州側の議長国イギリスは、人権抑圧を理由にミャンマー代表の参加を認めませんでした。さらにASEANとEUとの定期外相会議は、これまたミャンマーの参加問題が原因で一九九七年に中断し、ようやく二〇〇〇年一二月に再開されました。またASEAN・EU合同協力委員会も中断されていましたが、一九九九年五月に「ミャンマー代表は出席できるが発言はしない」という妥協案でようやくバンコクで開催にこぎつけました。ミャンマー情勢がさらに紛糾して国際的非難が一段と高まるような場合には、ASEANの域外との関係は、EUだけでなくアメリカとの間でもむずかしくなるかも知れません。ＡＳＥＡＮとしてはこうした問題には当然気がついているのですが、打つ手が見つからないというのが現実です。

三番目は、タイを除くインドシナ半島が経済のグローバリズムの波に取り残される恐れがあることです。グローバリズムは、ソ連の崩壊によってアメリカが牽引する市場指向型経済が世界の経済システムの覇者になったこと、またインターネットなど情報・通信革命が起きて国境の壁が一段と低くなったことを背景に、冷戦後の世界を奔流となって覆おうとしています。もちろん、グローバリズムにはその画一性によってそれぞれの国の個性を押しつぶすというマイナスの面もあり、すでに多くの論議をよんでいます。しかし、現実問題としては、そうした批判もはね退けて、グローバリズムは、少なくとも今後数十年間は進展していくことでしょう。この波に乗れるかどうかは、世界のもろもろの国の経済の将来を分ける鍵となります。

ここで問題なのは、グローバリズムの基軸である市場指向型経済は、単に経済システムであるだけでなく、政治を含む社会全般のあり方、つまり社会体制や価値観とも深く関わっていることです。市場経済の根幹は自由主義であり、政府の規制をできるだけ排除し、自由競争を最大限に生かすという考え方ですが、そのまた根底には〝個〟の尊重という価値観が横たわっています。自由主義、〝個〟の尊重という価値観に裏打ちされて、経済のいろいろな分野で〝グローバル・スタンダード〟（世界標準、実際にはアメリカ主導型のものです）が形成され、グローバリズムに参加しようと思う国は、こうしたグローバル・スタンダードを受け入れていかなければなりません。

ひるがえってインドシナ半島の国ぐにを見ますと、民主化の方向に踏み出したタイを除いては、いずれも上から統治する権威主義型の政治制度と、〝個〟よりも集団を優先する集団主義型の社会体制をとっています。カンボジアは形式的には自由主義を採用していますが、共産党が衣替えした人民党の支配の実体は、決して真の自由主義とは言えません。これらの国の指導者たちの眼には、アメリカ主導のグローバリズムは自国の体制を変革する危険な傾向だと映っているのです。先にベトナムのレ・カ・フュー書記長が「帝国主義による貿易、投資の自由化、グローバリゼーションの加速が世界の貧富の差を広げる」と述べたことを紹介しましたが、このことばはグローバリズムへのインドシナ諸国の後ろ向きの姿勢を典型的にあらわしたものでしょう。こう見てくると、これらの国がグローバリズムの波に乗れる可能性は非常に小さいと言わなければなりません。

以上のことを整理しますと、ＡＳＥＡＮにとってインドシナ半島は、旧仏領三国の小ブロック形成の可能性、ミャンマーという〝問題児〟の存在、経済のグローバル化への適応力の低さ、の三つの点でマイナスの要素となっています。ＡＳＥＡＮはこうしたインドシナをどう制御して、拡大の実をあげることができるのでしょうか。創立（一九六七年）以来三十年余を経たＡＳ

EANは、一九八〇年代後半からの急速な経済発展を背景に地域機構としての存在感を強めてきましたが、このインドシナ半島への拡大とアジア経済危機によって、これまでに経験したことのない深刻な挑戦に直面していると申し上げてよいと思います。いろいろ中途半端な点がありましたが、この辺で私の話を閉じたいと思います。

司会　ぜんぜん中途半端ではなく非常に大きな枠組みの中でわかりやすく整理していただいたと思います。せっかくの機会ですので、ご質問をお受けします。

（Q）　相対的に貧しくて、民主化がどうも遅れているような印象があるインドシナが、相対的に豊かで開放的な海洋性のASEANの中に取り込まれていったこと、それを取り巻く大きな環境として中国、インドというものが九〇年代に大きな影響力を発揮しているというお話だったかと思います。その中で具体的な点をお聞きしたいのは、第一に、ミャンマーとベトナムがいずれも保守化しているということですが、ベトナムの場合には、北は保守的、南は開放的という差があるのではないでしょうか。知識人の中には開放を求める動きもあると聞いています。またグローバリゼーションの中でインターネットの利用などでは、ベトナムはかなり自由になってきているのに対して、ミャンマーはまだあまり外に対して開放的になっていないという気がします。そのあたりはどうでしょうか。最後に、中国とカンボジアの関係ですが、カンボジアの諸党派と中国との関係を少し細かく教えていただけませんか。

（A） ベトナム共産党指導部内の保守派が勢力を強めていると大ざっぱな言い方をしましたが、確かに南北のちがいはあります。経済的には南の方が圧倒的に強くて、ベトナム全体のGDPの三分の二以上は南で生産されています。しかし政治的には、圧倒的に北が強い。何しろベトナム戦争は北と南の戦いでした。そして北が勝ったのですから、政治的に北が南を支配する形になったのはある意味で当然ですし、その状態はいまでも同じです。しかし、こんごベトナムが発展していく過程で必ずや南北の相違というものがいろいろな局面で出てくるでしょう。保守派と改革派の色分けは、必ずしも保守派が北、改革派は南というような南北の地域差と重なっているわけではありません。北の中にも改革派はいます。しかし、改革派の旗手といわれたヴォー・ヴァン・キエト前首相、ファン・ヴァン・カイ現首相はたしかに南の出身ですし、また南の人たちはベトナム戦争が終わるまで資本主義体制の下にあって、市場経済というものを肌で知っているのに対して、北の人たちは一九五四年のジュネーブ協定での独立以来、ずっと社会主義体制に生きてきて、資本主義や自由主義というものを経験したことがありませんでした。その意味で、市場経済をもっと進めてほしいという要求は南の方が強いのです。これと、伝統的な南北の気質の相違、あるいは対抗意識というものがからんで、こんごベトナムの歩みにいろいろ影響してくると思います。

インターネットですが、たしかにパソコンやこれを使ったインターネットはベトナムでもミャンマーでもある程度普及しはじめました。しかし、経済水準が低いのでまだ特定の恵まれた人しかパソコンを持っていません。またインターネットによる通信への当局による監視はかなり厳しいと言われています。インターネット社会になるには、まず経済水準を上げることが前提でしょう。

カンボジアのもろもろの政治勢力と中国の関係については、いま中国が基本的に力を入れているのはフン・セン首相との関係緊密化です。シアヌーク国王の息子で国会議長のラナリット殿下が第二党のフンシンペック党の党首をしていますが、中国はこのフンシンペック党が台湾と通じているという理由で距離をおくようになりました。またフンシンペック党以外ではフンシンペック党から分裂してできたサム・ランシー党というのがあるだけですが、唯一の野党としてフン・セン首相とは鋭く対立していますし、党首のサム・ランシー元経済・財政相は欧米の人権派と関係が強く、中国としてはまったくそりの合わない勢力です。現実にカンボジア政治においていまフン・セン首相が圧倒的な影響力を持っていますので、中国は当分、フン・セン首相を支える政策を続けるのではないでしょうか。

民主化後の東南アジア

――東南アジア政治体制の過去と現在――

藤原帰一

一、民主政治――理念から現実へ

二〇年前、東南アジアの政府の多くは独裁政権でした。インドネシアのスハルト政権、フィリピンのマルコス政権、さらにタイの軍事政権、どれをとっても民主政治とはいえない。そして、この二〇年の間に、この三国は民主政治に移行しました。一九八六年には、フィリピン二月革命が起こり、マルコス大統領が国外に追放されます。九二年には、反政府デモに対してタイ国軍が発砲し、この五月流血事件が軍政の崩壊を招くことになりました。九八年に起こったインドネシアにおけるスハルト大統領追放はまだ記憶に新しいところでしょう。このような東南アジア諸国の民主化はなぜ起こり、それにはどんな意味があるのか、考えてみたいと思います。

まず、「民主主義」という言葉を慎重に使う必要があるでしょう。この概念は、それぞれの地域で持つ意味が微妙に異なるために、気をつけなければ議論に誤解を生む可能性があるからです。

発展途上国でデモクラシーの話をするときに、出てくる議論が二つあります。一つは、デモクラシーは西欧の観念じゃないか、アジアなどの西欧世界の外にはその制度を支える基礎や文化はないのではないか、という議論です。これがアジアに偏見を持った欧米の人々が行う議論であるとは限りません。たとえば、シンガポールの上級相のリー・クアンユーは、「アジア的価値」を掲げて西欧的デモクラシーを批判しました。リー・クアンユーほど見事なオックスフォード・イングリッシュを話す人が、「アジア的価値」と西欧のデモクラシーを対立的に捉えていることになります。

第二に、発展途上国でいま必要なのは、工業化だ、政治における自由よりも貧しさからの自由のほうが先ではないか、という議論があります。これと結びついて、工業化を進める過程では、ある時期は独裁が必要悪なのではないか、という説を立てる人もいます。実際、経済発展の過程では民主主義という体制を保持することは難しいのではないか、独裁政権のほうが一般ではないのか。新聞などで、開発独裁などという言葉を読んだ人も多いでしょう。

この二つとも、経済発展の過程にある「アジア」を、デモクラシーという政治の仕組みと切り離して考える議論です。なぜこの議論が受け入れられるのかを考えると、そこには日本に固有の意味があることがわかります。民主政治から距離をとってみるような醒めた目線が日本国内にあり、海外の、特にアジア地域の民主化を考えるときの見方や構え方に反映しているのです。

それは、日本における民主政治が戦後の占領とともに訪れた、という残酷な事態に由来しています。占領期から二〇年ほどは、アメリカに対して憲法を守ろう、民主主義を守るんだ、という反応のほうが強かった。平和主義と社会主義を民主主義に結びつけることで、「与えられた民主主義」という傷を覆い隠したのです。そして、この護憲ナショナリズムが信用をうしなうとともに、「押し付けられたデモクラシー」に対する反発が生まれました。民主政治に正面から挑戦したり解体を試みる人は多くありませんが、それを自分のものと考える人も少ない。人権や民主主義などの普遍主義的観念に対するシニカルな見方を強めることになりました。

さて、日本国内では民主主義が冷笑の的になったとしても、国外ではそうではない。日本に見られるようなデモクラシーへの視点によって東南アジアや東アジアの民主化を見ると、大変な間違いを犯すことになるでしょう。この二〇年は、アジアで独裁が広がるどころか、民主化が進んだ時代だったからです。

アジア民主主義は、すでに目標ではなく、現実の一部になろうとしています。東南アジア各国でいえば、議会制民主主義ではないとはっきり言える国は、旧社会主義諸国以外にはビルマ(ミャンマー)とブルネイだけになりました。

民主主義が実質を伴わない体制は確かに少なくありません。議会制民主主義という制度を飼い慣らした寡頭支配とでもいうべきマレーシアとかシンガポールは、東南アジアにおける独裁政権の典型として議論されることもあります。しかし、マレーシアとかシンガポールが独裁と呼ばれるようになったこと自体が、実はこの地域の民主化の跡を示しています。一九六〇年代には、東南アジアにおけるデモクラシーの典型こそがシンガポールであり、マレーシアでした。両国とも、文民政党が政権を担っており、軍事政権ではなく、選挙も行われていたからです。

六〇年代には、例えばタイやインドネシアの軍事政権などに比べれば、マレーシア、シンガポールは明らかに民主的な体制に属していました。それがいまでは権威的支配のほうに分類されるようになったこと自体、この地域の政治体制がいかに大きく変化し、少なくとも制度としては議会制民主主義が拡大したことを裏書きしています。六〇年代には軍人が政治指導者ではないだけで大変なことだったのが、いまでは文民政権が当たり前となり、形だけの選挙や議会政治では民主主義と呼ばれなくなったのです。

二、誰がデモクラシーを語るのか

ところが、話はここでは終わらない。デモクラシーという言葉はさまざまな意味を持つだけに、「民主主義」の意味を改めて確かめ、どのような意味でそれを言うかをはっきりさせておかなければ、何を言っているのか議論がわからなくなるからです。誰が、どのような意味で「民主主義」を語るのか、考える必要がここに生まれます。少しこみいった問題ですが、時代をさかのぼって考えてみましょう。

民主主義という観念が東南アジアで使われるようになったのは、一九世紀の末に溯ります。インドネシアであれば、書簡集で有名なカルティーニが、「デモクラシー」という言葉を使っている。フィリピンの独立の英雄ともいうべき文人ホセ・リサールも、「共和制」という言葉と並んで、「デモクラシー」という言葉を使っています。つまり、「デモクラシー」という言葉を東南アジアの知識人が使うこと自体は、決して新しい現象ではないといえるでしょう。ただ、中身を見ていくと、民主政治という政治体制についての記述はほとんどありません。そこでのデモクラシーとは、政府の成り立ちではなく、西欧の政治社会に対する強烈な憧れと、それが自分たちの社会に実現しないことに対する幻滅の反映だったからです。

その背後には、政治を語る知識人、エリート、学者とかいった人たちの世界と、一般に生きている人の世界との間の距離、隔りがありました。「デモクラシー」という言葉は昔からあっても、それは教育のある人々が西欧と接触するなかで語る理念であり、村人が一票を投じる政治という意味ではなかった。デモクラシーという言葉と、現実の政治社会との間に溝が開いていたのです。

それが福澤諭吉の「脱亜論」にもつながる問題になります。アジアを切り捨てる、アジア蔑視の思想として読まれることも多いこの著作は、むしろ日本の外に文明の担い手を求める福澤の模索を示していました。西欧に向かい合うには、武力と経済だけでは足りない、政治体制を刷新し、政治的な自由の実現において西欧に並ぶような体制をつくらなければいけない。ところが、そのような改革が必要だという感覚を共有している国民が、アジアには日本の外にいない。福澤の天才は、知識人だけでは政治を語りえないことに気付いていたところにありますが、そこに彼の絶望もあった。福澤が絶望したのは、アジアに住んでいる、民衆と国家権力の担い手との間に、維新後の日本よりも大きな距離が開いていることでした。このような状態では刷新は考えられない、日本の外のアジアに文明を頼るわけには行かない、それが福澤の「脱亜論」

です。

今からみると、皮肉としか言いようがない。というのも、二〇世紀も終わったいま、まさにアジアの孤独な先頭に立っていたはずの日本の民主政治が、権力と民衆の距離を当然の、変えることなどできない現実として受け入れるような状況にあり、その周りの、エリートと一般の人々の距離が開いていたはずの東・東南アジア諸国ではデモクラシーが所与の体制と現実になったからです。カルティーニとかリサールのような、国民一般から切り離されたエリートの言葉ではなく、そこに住む人の日常として民主政治が語られる、それが東南アジアの民主化の過程だったのだろうと思います。「民主化」という言葉で私が指したいと思うもの、一番大事だと思うものは、結局この、権力の担い手が拡大する過程です。

三、制度と理念の間

さて、「民主主義」とはなんでしょうか。一方では、「民主主義」は現実の政府や政治体制の仕組みを指しています。ある国がデモクラシーだとわれわれが言うときは、そこに住んでいる人々の考え方や社会正義についてよりも、まず議会制民主主義という政府の仕組みを指している。政治の制度を指す言葉としてのデモクラシーが一方の極にあります。

もう片方の極には、より一般的な、実質を伴う人民の統治という、理念としての「民主主義」観念があります。パワー・トゥ・ザ・ピープルというとき、現実の政治体制を形容しているわけではなく、それぞれの人間が政治権力の担い手であり、決定する権利があるのだという理念が主張されているのです。

制度としての民主主義と、理念としての民主主義は、ただ意味が異なるばかりでなく、その間には絶えざる闘争があります。議会制民主主義という制度は、必ずしも政治権力の平等や、あるいは一般に平等な社会を保証しない。それどころか、議会制民主主義は、その制度に限って言えば、所得格差の大きい不平等な社会と、政治権力がごく一部の人に委ねられた、政治権力の格差も大きい社会、すなわち経済的・政治的不平等と完全に両立可能です。議会制民主主義という制度が保証するのは、政治参加の平等であって、結果の平等ではないからです。民主政治という制度のもとで、結果的に少数の人間が権力を独占することは珍しくない。

このように見ていくと、どうしても議会政治、議会制民主主義という制度に対して、いわば懐疑的な、疑いに満ちた目線を向けることになるかもしれません。制度としての民主主義なんて形だけだ、ということになる。ところが、それでは実質的な民主主義の模索が正しいかと言えば、必ずしもそうとも言えません。二〇世紀には、民主主義の制度に対する疑いから生まれた、より実質的な平等や実質的な社会正義を求める運動が起こりましたが、そのような、多くの場合は社会主義と結びついた模索は、制度としての民主主義よりもさらに悲惨な結果しかもたらさないことが多かったからです。

実質的な正義や平等の名の下に、もし議会政治と民主主義の手続きを踏みにじってしまうと、制度や法によって拘束されない独裁が生まれる可能性があります。二〇世紀は民主主義が広がるとともに、その制度に対する疑いが生まれた世紀でしたが、また同時に、民主主義はただの見せかけだ、より実質的な正義が必要だという名の下に、空前の政治権力を独占する強権支配が生まれた世紀でもありました。政治学から見た社会主義の最大の問題は、議会制民主主義の手続きとして持っている意味を軽視したことでしょう。

政治権力や富の不平等と民主主義は両立する。手続きとしての民主政治は、社会のさまざまな要請から見れば、限られた役割しか果たさない制度にすぎません。だが、その手続きを度外視してしまうと、実質的な正義の名の下に独裁さえ生むことになりかねません。民主主義という制度はユートピアではないが、その制度を投げ出してしまえば、失うものが大きいのです。そこに、民主主義における理念と制度の微妙な緊張と均衡を見いだすことができるでしょう。

これから議論するフィリピン、インドネシア、タイとかいった社会では、それまでの独裁政権とは違う政府が確かに生まれた。しかし、政治権力の担い手には案外連続性があり、たいして変わってないところがあります。それだけに、民主化したあとには、どこでも失望感が広がりました。あっ、デモクラシーってこんなものだったのかな、期待したようなユートピアではなかった、という感覚です。それは、理念の実現を期待した人々が、制度としての民主政治の実情を知る過程とも言えるでしょう。

とはいえ、それまでのような強権的な支配に復帰したわけではありません。民主化が起こった当初は、ほとんどの政治学者も政治家も、こんなものは長続きしない、やがては強権支配に戻るだろうと考えていました。フィリピンにデモクラシーなんて長続きしない、軍事政権ではないタイの内閣が安定するはずがない、インドネシアに議会政治が定着するわけがない、そんな訳知りぶったリアリズムが広くみられましたが、そうはなりませんでした。蓋を開けてみれば、その民主政治と議会政治がなかなか倒れない。当初に抱かれたようなユートピアは実現せず、結局は政治体制という制度の中の限界にとどまるものの、だからといってその制度が壊れるわけでもない、それが東南アジアの民主化の実情です。

私は、「民主化」という言葉を、民主主義という政府の仕組みへの変化という狭い意味で用いることにしたいと思います。現在の各国にみられる政治体制が、理念や規範からみて「民主的だ」とは限らないが、とはいえそれまでの強権的支配と同じものが続いているわけでもないからです。高度の理念を基準に立てることでどの政治体制も民主主義とは言えないと切って捨てることも、また民主主義とは絵に描いた餅であり、現実の東南アジアにはあり得ないと考えることも、ともに東南アジアの現実から著しく離れた見方になるでしょう。

四、革命のアジア、ナショナリズムのアジア

ここで、東南アジアの政治変動を、少し時代を遡って検討してみましょう。東南アジアで民主主義がいつも最大の政治的課題だったとは言えません。政治体制の選択として一番大きな問題だったのは、恐らく一九六〇年代までは、左か右かという選択でした。社会主義路線を選択するのか、それとも反共主義ないし自由主義体制を選ぶのか。アメリカか中ソかという外交面での選択が、国内の左右の闘争、つまり共産党並びに共産主義勢力と、それに反対する勢力の間の闘争に結びついて展開されました。

左右選択の時代は、革命の時代だった。ごく単純化して言えば、東南アジアが中国革命の後背地に置かれていたことから説明できるでしょう。東南アジアは文明的にもインド世界と中国世界の辺境に当たり、植民地独立の模索が始まる時代にも、中国における変化がこれらの社会の政治活動に大きく影響を与えていました。東南アジア社会において最初に政治的に活発となり、結社をつくっていったのが、華人だったからです。それがシンガポールにおける南洋共産党であり、インドネシア共産党、そしてのちのマラヤ共産党であった。それらは中国人だけの

政党ではありませんが、中国本土の運動に刺激された中国系住民が中核にいたことは否定できません。

また、中国系住民に刺激される形で、中国の周辺部では別のナショナリズムも生まれました。たとえばインドシナ共産党は、ベトナム人の政党ですが、ベトナム共産党という名は、「ベトナム」という呼称が、ナショナリズムの表現であるとして中国共産党が認めなかったために生まれたものです。そのような中国との錯綜した関係をはらみながら、インドシナや朝鮮半島において中国革命に刺激されたナショナリストの活動が始まりました。

この議論は、冷戦期のドミノ理論のようだと考える人がいるかもしれません。冷戦期には、共産主義国が一つできると、バタバタと将棋倒しのように共産主義がアジアに広がっていく、という議論がありました。これは、中国共産党やソ連共産党の影響力や策謀を過大評価した、かなり誇張した議論であり、私は支持できない。しかし、だからといって東南アジア各国の共産主義運動が国内だけのものだったとも言えないのです。

中国系住民でない人々や、共産主義を信じない人々にとって、アジアの革命としての中国革命は、難しい条件をもたらすことになりました。というのも、中国系住民は、各地の人口から見ればマイノリティに過ぎないが、経済活動の大きな拠点を握っており、都市部に限ってみれば無視できない人口比率を占めていたからです。政治化した中国社会とどう共存するか、という問題がここで生まれます。さらに、中国系住民も政治的に割れていました。中国国民党の影響を受けた勢力が各地域に存在し、支持者の人数でいえばこちらの方が多数派でした。中国人と非中国人の関係が左右の対立とオーバーラップする一方、その中国系住民も左右に分かれるという錯綜した政治状況が第二次世界大戦後における「東南アジア」社会の始まりでした。

この混乱を加速したのが、より世界的な戦略的対立・対抗としての冷戦の波及でした。朝鮮戦争のあと、封じ込め戦略にアジア地域が確実に組み込まれた。アメリカから見れば、「中国の喪失」は繰り返すことはできない過ちであり、東南アジア地域において新たに共産党体制ができないことは絶対の政策的前提でした。ここに、アメリカの支援を大きな材料としながら東南アジア各地において非共産主義の政治体制が成立する条件が生まれることになります。四〇年代から五〇年代にかけて、国際冷戦と東南アジア政治変動は密接に連動し、ベトナムはもちろん、スマトラやラオスにおけるような、国外からの軍事行動も展開されました。

一九五〇年代の「雪どけ」を経て、六〇年代に入るとヨーロッパでは冷戦状況が幾分緩和されますが、東南アジアや東アジアでは緊張が続きます。というのも、アジアの冷戦とは何よりも中国革命に対する封じ込めであり、その中国とアメリカの関係は、中国の核実験をしたあと、米ソ関係とは逆に緊張を加えていったからです。

このように左右の対立が非常に険しかった時代には、いま開発体制と呼ばれるような体制はまだ生まれていません。サリット将軍以後のタイの軍事政権やマレーシアの保守体制は、経済開発を優先する体制というよりは、何よりもアメリカの支援によって成り立っている反共産主義の体制でした。そして、「民主主義」という言葉も、左と右によって恣意的につくり変えられてしまいます。社会主義勢力側からすれば、社会主義こそが民主主義であり、共産党が政権をとることが民主化でした。自由主義を掲げる側で言えば、共産主義こそが政治的自由に対する脅威であり、反共主義を掲げる限りではどれほど粗暴な軍事政権でも自由の旗手になりました。

政治思想の中核は、デモクラシーよりはナショナリズムであり、民主的な政府をつくるかどうかよりも、植民地という状態から、どのような独立の仕方をするのか、共産党を中心とした独立をするのか、そうではない独立をするのかという問題が問われていたのです。左右の指導者はともに「国民」という言葉を使いましたが、それは動員のために使われるシンボルであり、「国民」が国民を自称したわけではありませんでした。

革命とナショナリズムのアジアは、左右の体制選択の時代、いわば政治の時代でした。それが独裁と民主の選択に変わるためには、次に述べる開発体制の形成が必要となります。

五、開発のアジア

東南アジアの国際環境を大きく変えたのが、七一年から七二年にかけての米中接近でした。それまではアジアの冷戦の中心をなしていたアメリカと中国の対立が大きく転換したために、その米中対立を前提としたアメリカの政治的支援と援助を期待していた東南アジア各国は大変な打撃を受けることになりました。確かに、アメリカと結ぶことで、中国が侵略する脅威は後退するかもしれない。ところが、東南アジア各国の政府にとって、共産主義の脅威とは、何よりも国内における反体制勢力の活動であり、外から共産主義国の正規軍が攻めてくるという問題では必ずしもなかったのです。タイの軍政は、ベトナムや中国が攻めてくる脅威よりも、タイ共産党や学生運動の行方を心配し、スハルト政権が発足した後のインドネシアにとって、中国による侵略よりも、国内におけるインドネシア共産党の活動の方がはるかに問題だったのです。そして、中国が政策を転換しただけでは国内のゲリラがなくなってくれるわけではない。東南アジアを頭越しにして米中が接近すると、アメリカの助けなしに国内の反政府運動を押さえつけなければならない。反共体制を自前で維持する必要が生まれました。

案外見過ごされやすい点ですが、米中接近とともに、アメリカの反共政策とそれによる援助の継続と支援が期待できなくなったことは、開発体制の形成に大きな影響を与えました。キッシンジャーの訪中を知ったマルコスは動揺し、独自の国防強化を求めて軍の増強を計画しますが、もともと弱い軍隊だけに、まるで間に合わない。結局マルコスは、ＡＳＥＡＮ各国との政治協力と、経済開発の大規模な推進、国内治安の強化、そして最終的には戒厳令の発令を選ぶことになります。

インドネシアでは、スカルノ政権はアメリカとむしろ対決するような政策に傾いていきましたが、そのスカルノ政権を実質的なクーデタによって倒し、反政府勢力への大規模な弾圧とともに生まれたスハルト政権は、国内の共産党との対決もあって中国の共産党政権には当初から厳しい立場をとっていました。この立場はアメリカと共通するものであるだけに、インドネシア国軍は、アメリカの軍事的な支援がインドネシアに与えられることを大いに期待していました。七一年はその体制の下で選挙を行い、スハルト体制を固めようとした時期にあたっています。まさにその時期にアメリカの外交政策が転換をしたことに、スハルトは動揺した。そして、セクベル・ゴルカル（ゴルカル党の前身）の大衆組織を再編成して、経済開発を推進する末端の行政単位に組み替えていきました。

このように、開発体制が生まれた原因を国際環境だけに求めるのは言い過ぎだとしても、無視できない要素ではあるでしょう。フィリピン、インドネシアばかりでなく、ＡＳＥＡＮ諸国の多くは、地域協力、経済開発へのコミットメント、そして体制の強権化という三つの方針によって、もはやアメリカに頼ることのできなくなった政治体制の抱える弱さを埋めていくことになったのです。

こうして、革命の時代における反共体制が、米中冷戦の終結と石油危機を前後とする六〇年代の末から七〇年代の初めに、開発体制と呼ばれる政治経済体制に変貌したと言うことができるでしょう。反共だけではアメリカの政治支援も期待できない状況に放置される一方、戦略環境の相対的安定に支えられ、共産主義勢力への対抗という軍事力の論理よりも、むしろ経済開発の代償として権威的な支配を認めさせようという体制に変わっていったことになります。

さて、その開発体制とは何か。類書の多い分野だけに細説は省きますが、それは国家機構による強権的支配と国家主導の経済開発、つまり政治と経済の両面における国家の積極的な役割拡大によって特徴づけられる体制です。まず、東南アジアではこの時期になって初めて、首都の政府が領土の隅々を統治する状況が完成しました。国境付近の辺境でも税務署があり、軍隊や警察もいるような領土的支配が実現したのです。支配とは、もちろん軍事力による統制であり、集団結社の自由の制限であり、詰まるところ暴力による支配の拡大ですが、暴力だけではない。開発体制とは、官僚機構の整備の時代でもありました。地方行政の制度化を通して、「国家から独立した地方」は消滅していったのです。

このような国家機構の成長と並んで大事な特徴が、経済官庁の発展です。インドネシアのバペナスやフィリピンにおけるネダのように、経済開発の中軸となるような官庁が、経済政策の決定権限を集中していきました。これらの官庁は、たとえば日本の経済企画庁のような各省庁の連合体のような組織ではなく、国外から移転される公的資金の割り当てやライセンス供与などの許認可行政を通じて、経済政策の決定について事実上の全面的な決定権限を確保するようになりました。そして、まさに強権的支配であるが故に、選挙区ごとの個別利益や地元の利益など、政治的な利益誘導を度外視した、官庁主導による経済政策の運営が生まれることになりました。もともとこのような経済官庁が大きな地位を占めることになったのは、外資の誘導による工業化がこの時期に各国が進めていたことと関係があります。経済官庁の肥大は、開放経済への移行と裏表の関係にあったのです。

なお、日本の政府開発援助も含め、外国から流れてくる公的資金、つまり政府開発援助（ODA）に相当する資金は、各国の通常の政府予算と会計ではなく、開発予算と言われるものに計上され、通常の会計年度で終わる予算とは別建ての予算として運用されます。この、日本で言えば財政投融資に相当する開発予算の運用を経済官庁が全面的に独占することで、経済官庁の経済政策への影響力が決定的となりました。

国家主導の工業化といっても、社会主義諸国におけるような指令型計画経済ではありません。

開発体制における経済政策は、市場経済を前提としつつ、公的融資と資金割り当て、許認可行政、さらに課税などを通して企業の投資活動を誘導し、場合によっては自ら企業を経営することも行われます。

もっとも、政府が工業化を指導したというよりは、政府の横やりにも関わらず工業化が進んだと言ったほうが実態に近い例も少なくありません。インドネシアの公企業が経営効率が高いとはとても言えないし、タイの軍部が経営した企業の多くは赤字経営に陥っていました。そんな事例では、軍人が経済を主導するどころか、レントシーキング、つまり脅して金をとるような外部不経済が軍人の介入の成果と言うべきでしょう。

とはいえ、政府の経済介入と産業政策を中軸とした工業化が、短期間に劇的な成果を挙げたのは事実です。他の発展途上国の経済破綻を招いた七〇年代の二回の石油危機に対しても、ASEAN各国は非常に短期間で経済危機を乗り切っています。こうして、韓国や台湾の次の集団を構成する急速な工業化地域として、東南アジア経済の成長が注目されるようになりました。

開発体制の経済的成功は、東南アジアにおける左と右の対立に決定的な終止符を打つことになりました。というのも、こと経済成長に関する限り、資本主義・自由主義陣営が社会主義諸国よりもめざましい成果を上げたことが歴然としたからです。長い戦火の後、米軍を追放して南北を統一したベトナムも、経済再建ではASEAN各国に後れをとることとなり、新たに経済発展を模索したドイ・モイ政策も、タイやマレーシアなどの後追いをするような性格は否めなかった。経済的成果から見る限り、社会主義に基づく国づくりと資本主義によるそれとでは、ハッキリした違いが生まれました。また、米中関係の好転もあって、中国共産党は東南アジア各国の共産主義運動への関与を弱めてしまいます。後ろ盾となる大国の支援を失い、また社会主義経済が経済発展のモデルとしての魅力を失っただけに、各国の共産主義運動も後退し、フィリピン一国をのぞけば一九八〇年代にはほぼ無視できるような存在となってしまったのです。しかし、左右の選択が終わったまさにそのときに、開発体制を支えた強権的支配が動揺し、民主化の初期条件が整っていくことになる。次に、民主化の過程を振り返ってみましょう。

六、強権支配の内部分裂

民主政治への移行は、二つの側面から見ていく必要があるでしょう。一方では、その体制が中から壊れていく要素がある。政治体制が内部から分裂し、強権的支配の維持が難しくなっていくのです。第二の面は、国家と社会の関係が大きく変わり、政府が社会に対する統制も、また信用も失ってしまう、統治能力と正統性の危機があります。順番に考えていきます。

まず、政治体制を三点にまとめておきましょう。第一に、軍部にとって軍事政権は必ずしも有利とは言えない。というのも、軍事政権を保つためには、軍部が分裂の危機を抱えてしまうからです。政府の中に入り、政治家や企業家と平服で応対する「政府の中の軍部」が一方に生まれ、他方では軍人として兵舎で毎日軍事訓練をしているほうの職業軍人、「兵舎の中の軍部」も残される。政府の中に入った軍部は、政治権力者としての行動をとり、閣議に出席し、省庁の決定に当たり、人によっては企業の経営にも当たります。このような人々と、軍事基地の中で毎日訓練している軍人の間で、軍部に大きな亀裂が生まれるのです。

基地の中にいる職業軍人は、政府の利権にあずかることができないが武力を持ち、クーデターによって政府を脅かす力を保持しています。この集団をどうするか、国軍の分裂をいかに最小限にとどめ、「兵舎」の「政府」への反乱を押しとどめるのか、これが軍事政権の運用に当たって最大の課題となります。

スハルトが退陣に追い込まれていった最大の原因は、軍の人事の失敗ではないかと私は思います。一九八〇年代までは、スハルトは、職業軍人と政治的な利権につながった軍人の間のバランスを、巧妙な人事によって運用してきました。しかし、スハルト夫人が亡くなった頃からその人事がおかしくなってくる。スハルトと縁戚関係で結ばれたプラボヴォ（コパスス司令官）のような利権につながった人間と、国軍司令官ウィラントのように政治的後ろ楯の比較的少ない人間との間の亀裂が表面化したのです。軍部は二つに割れると危ない。結局、ウィラントの率いる国軍主流派がスハルトから距離を置くことで、スハルトの新秩序体制が内部から空洞化してしまったのです。

他にも似た例は多い。韓国では、全斗煥大統領が国軍を中心に支配するよりは与党民政党を通じた政権運営に傾いたところ、その間に、国軍に盧泰愚司令官を中心とした主流派ができてしまう。八七年五月の全斗煥大統領の退陣は、ソウルを埋め尽くした学生と市民ばかりではなく、国軍と盧泰愚が大統領への協力を断ることによって実現したと言えるでしょう。

フィリピンでは、マルコス大統領が、ファビアン・ベール参謀総長を中心としたグループに大きく依存したため、フィデル・ラモス警察軍長官やエンリレ元国防相などの、利権にあずかることができないグループの結集を許してしまった。このグループが、軍士官学校卒業生の中の国軍改革派と一体となって、八六年二月に蹶起し、マルコス大統領追放の引き金となりました。ここでも、軍のなかの不満派が、結果としては民主化の条件を提供したのです。

軍の分裂を避けるために民主化が進んだという、ちょっと不思議な例もあります。タイの軍事政権をみると、プレーム政権が長いことに気づきます。プレームは首相とともに国防相も兼任し、軍を完全に統率下に置くことで、軍を押さえ込みながら緩やかにタイ政治の民主化を進めることになりました。しかし、軍内部には、クーデターを狙っている勢力が常にあった。日本には役人を辞めた政治家が出てくるという仕組みがありますが、タイの場合には軍人を辞めた政治家が出てくるというサイクルがあります。ところがプレーム政権が長続きしたために、軍人出身の政治家が出世し、世代交代をするサイクルが壊れてしまいました。クーデターをして一掃しないと下がつかえ、チャワリットやスチンダなどの、歴代の国軍司令官が首相に就任する機会を失ってしまう。国軍の分裂を避けるためにも、プレームは、これも国軍出身ながら選挙で多数党となった党の党首であるチャーチャイに首相職を明け渡しました。

タイの事例は、軍の分裂が進むなかで、クーデターを避けるために民主化を進めたという例です。それも、軍と文民が向かい合うなかで民主化を選んだと言うよりは、まさに軍の中心にあった首相が、軍が割れることよりも民主主義を選んだという事例です。プレームの判断は、軍政下において軍分裂がもつ危険の大きさを逆に裏書きしているとも言えるでしょう。

次に、政府と企業の関係を見ておきます。開発体制の議論では、官民一体の開発などという言葉にもあらわされるように、政府と企業が近い関係にあるという点が強調されやすい。だが企業経営者などの話を聞くと、軍人や政府なんか大嫌いだ、逆らっても無駄だから言うなりになっているだけだという声が帰ってきます。政府による庇護を必要とするかもしれませんが、その規制を企業は望んでいないし、まして天下りや政治的圧力には反発が強い。そして、経済成長によって企業の内部留保が高まってくれば、政府による特恵的な資本割当てへの依存も減っていきます。

こうして、かつては政府と一体のように見られた企業が政府から離れていくことになります。欧米諸国でも規制緩和が広がる時代だけに、それまでの規制を緩和し、それによる経営規模の拡大を目指していきたいという要求が財界から生まれ、私企業に対する監督と規制を保持しようとする政府との間に対立が生まれるのです。表にはなかなか見えないものの、民主化という変化の中には、企業活動が次第に政府から離れ、それらの企業が民主主義を容認し、ときには促進するような変化が潜んでいるのです。

タイの場合、恐らく中心はバンコク銀行でしょう。政商としての性格が非常に色濃い、まさにサリット軍事政権とともに肥大していったこの銀行が、七三年の学生革命の後は、政府と距離を取り始める。七六年に右翼勢力が学生を襲撃した事件をきっかけとしてタイは軍事政権に戻りますが、バンコク銀行の政府に対する自立性は保たれ、プレーム政権のもとでも政治に対する中立を保った。いわば官僚資本の非政治化をここに見ることができるでしょう。

より積極的に政府に反抗した事例としては、フィリピンのアヤラ財閥を挙げることができます。アヤラはスペイン統治時代の土地所有から出発したフィリピン有数の伝統的企業集団ですが、マルコス大統領は新興企業集団を優遇したために、政権から阻害されることが多かった。そして、財閥の当主がマルコスとの結びつきを保ったエンリケ・ソベルからハイメ・ソベルに移ると、アヤラ・グループはマルコス大統領への政治的批判を明確とし、アヤラを主要な参加企業とする財界団体マカティ・ビジネス・クラブを根城として、マルコスに対抗する大統領候補コラソン・アキノ夫人を支援してゆきます。アヤラの要求は、一貫して、金融の規制緩和と貿易に対する統制撤廃でした。それはまた、マルコス時代に形成されたビジネスと政府の間の連携を変えることだったと言えるでしょう。

このように、「民主化」という現象の一面は、その前の体制のなかで生まれた変化から捉えることができます。開発体制の中核を形成した軍部が分裂し、蜜月関係にあった政府と企業の結び付きが次第に壊れていくことで、開発体制が内側から壊れていくのです。

七、市民社会の形成

これまでは、言ってみれば体制のなかの問題を考えてきましたが、次に国家と社会の関係を検討してみましょう。体制は内部だけから倒れるのではなく、その外、社会からの挑戦を受けて倒れる面も否定できないからです。

まず、強権支配から民主制への転換を、どのように概念的に捉えればよいのか、考えておきたい。強権支配の下では、政治権力と経済権力の間の結び付きが近い。もっと簡単に言えば、政治権力を握っていれば経済的にも豊かさに恵まれ、経済的なエリートは、政治権力に近づくことなしには自分の財産を保つことができません。政治権力と経済権力の結合や重複は、強権支配に広く見られる特徴です。

この政治権力と経済権力の集中のために、いったん経済危機が起こると、それが政治危機と連動してしまいます。経済的特権層に対する反発が、政治的特権層に対する反発と重なってしまうからです。強権支配は、暴力に頼るために一見すると堅固に見えますが、実は政治危機を経済危機と切り離すことが難しいために、基本的に脆弱な政治体制なのです。

かつて、アメリカの政治学者ロバート・ダールは、民主政治の特徴は政治権力と経済権力の分離にあると指摘しました。それが資本主義社会の政治制度である限り、民主政治のもとでも政治権力の不平等や経済的不平等はもちろん存在します。だが、民主政治のもとでは経済権力は政治権力の支えなしに成り立つために、この二つが重なるとは限らないし、切り離しても成立します。この議論の裏は、経済危機と政治危機の分離です。民主政治のもとでは、経済危機が政治体制の危機につながるとは限らないが、強権支配や権威主義体制のもとでは、いったん経済危機が起こると、それが政治危機に発展し、政府に対する不信や抵抗を誘発しやすい、ということになるでしょう。

九七年の通貨危機のあとの東南アジアを見れば、この体制の違いがもたらす政治的安定の相違をはっきり見て取ることができます。通貨危機のあと、東南アジア各国のどこでも第二次大戦後最大の経済危機が訪れましたが、それが政治体制の崩壊に直結したのは、政治的に権威的な支配をとっていたインドネシアでした。フィリピンやタイでは、危機そのものは大きかったが、これを民主政治の枠の中で乗り切ることに成功する。タイの場合には首相は退陣するが、新憲法の制定とともに民主主義という制度はむしろ強化されました。フィリピンの場合にも、予定された大統領選挙が行われただけで、政治危機は起こっていません。

それに対し、インドネシアでは、九八年一月以後、経済危機に対する反発が暴動となり、その暴動が、危機の中でなおかつ甘い汁を吸っている「一部のやつら」への反抗に発展します。物価値上げに対する暴動が政権の信任に対する暴動に発展したのです。

このように、民主化は、政治権力と経済権力が重なり合う体制において経済危機が政治危機に発展することで生まれる政治変動の一類型、として捉えることができるでしょう。そしてその変動の結果、政治権力と経済権力の結合が解かれるのです。

この民主化の過程を、もっと社会の中に入って考えてみましょう。民主主義とは何よりも市民の結社や政党を通じた政治的な体制の構築であり、その意味でも新しい社会結社の役割が重要になります。とは言え、当初は「新しい」結社よりは、旧体制を見限った「古い」人々の結合が先になる。フィリピンで言えば、もとはマルコスと協力関係にあったラウレル議員がマルコスを見限って、それがマルコスに反対する政党ＵＮＩＤＯ（民主野党連合）の起源となりました。政党ばかりでなく、労働組合でも、それまで御用組合とされていたフィリピン労働組合会議（TUCP）が政府への協力を撤回していく。民主化過程で最初に現れる政治結社は、このように旧体制から離脱した個人や団体によって占められることが多いのです。

だが、このような「鞍替え組」だけでは政府も倒れない。そして、強権支配のもとでは、新たな政治結社を作ることが難しいのは言うまでもないでしょう。政治的自由がないのが強権支配の特徴だからです。それでは、いったいどのように政治体制に対抗する群衆が集まることができるのか。

ここで、個人的なお話をすることを許していただきたい。八六年二月のフィリピン革命のことです。

私は、マルコス大統領に反対して国軍が蹶起した八六年二月二二日の前日までマニラに滞在し、フィリピン情勢の報告をする仕事があったので二一日に帰国しました。いちばん大きく動いた、その直前に帰っちゃったわけです。何とも間の抜けたこととしか言いようがありません。その国軍蹶起の直前、大統領選挙とその後のフィリピン情勢が、いまでも学者として理解できない、そして理解できないけれども魅力的な経験になりました。このことをお伝えしたい。

八六年一月にマニラに着いたとき、私はマルコス政権がつぶれるとは思っていませんでした。すでにフィリピン政治の勉強ははじめていたので、野党勢力をはじめ、財界、教会や労働組合、さらに左翼勢力などの動向について一通りの知識はありました。そして、知識があったからこそ、あんなものじゃ政府が倒れるはずがないという結論になりました。新聞やテレビの報道とは異なって、UNIDOやLABANのような野党には政党組織と呼べるようなものはなかった。この段階でフィリピン最大の反体制組織は共産党でしたが、その共産党は選挙ボイコットを決めていました。市民団体や人権擁護運動の中心も、ごくわずかな活動家や知識人に頼るものに過ぎません。若い政治学者として、政治組織や結社から政治体制の変化を考えようとし、そのことに疑問を持っていませんでした。

これが間違いでした。というのも、組織や結社なしに政府が倒れたことこそが民主化革命の特徴だったからです。空港を降りたところから、おまえは選挙監視団のメンバーか、もしそうならこの実情を世界に伝えてほしいという、異様に調子の高い要望を会ったこともない人から伝えられました。空港の外では、何人もの人々がタクシーを囲んで、教会系のラジオ放送から流されるアキノ夫人の演説に聴き入っていました。

これは私には初めての経験でした。フィリピン人が政治への関心を表立って表すのを見るのも初めてでしたし、政治演説に自発的に聞き入るフィリピン人も大学のキャンパスの外で見かけたことはなかった。町に出ると、本当に誰もが政治を話し、しかも初対面の人と議論をしていました。公式の組織や結社の支えのない政治的共同性を見るのは、まるで初めての経験でした。

ひとびとが共同性を確認し、アキノ夫人を囲むコミュニティを作り上げ、それがマルコスを倒したのです。黄色いリボンを付け、それがアキノ支持のシンボルだということになりました。自動車のクラクションを二回鳴らすと、「コーリー、コーリー」というアキノ支持のアピールになった。プップッと鳴らして、それに応えるクラクションがないと、何か恥ずかしそうに、まずかったかな、ここはマルコス派ばかりかなとやめてしまう。逆に、少しでも応えるクラクションがあると、それぞれの車が安心して鳴らし、高速道路一面が自動車のクラクションでいっぱいになりました。リボンやクラクションのような、ごくささやかなシンボルを通じて、「国家」に対する「自分たち」の確認が行われました。

二月一七日、大統領選挙から一週間経って、アキノ派の選挙勝利集会が開かれました。これは、マルコスが選挙勝利を宣言するさなかに開かれた大衆集会で、ここでアキノ派が人を集められなかったら政治的には終わりだ、という状況でした。定刻を過ぎても人が集まらず、不安が広がったとき、少しずつ人が現れると、突然沸き出すように群衆が出現しました。この人の集まり方は重要です。組織が背後にないからこそ、参加する市民を守るのは、人の数の他には何もなかった。これだけ集まった、もう大丈夫だという群衆を見て、周りから人が集まったのです。

このような、組織なき群衆の結集と共同性の確認は、その後の各国の民主化のなかで何回となく繰り返されました。ジャカルタで少人数の学生を取り囲んだ群衆も、突然膨れ上がり、学生がいなくなると誰もいなくなりました。日本で言えば、連合が呼びかけなくても、共産党が呼びかけなくても、自民党が呼びかけなくても、自分の判断で集まっている群衆に相当する出来事です。そういった組織されざる群衆が政治過程を左右し、立ち上がるはずがないおじさん、おばさんが立ち上がるときが、政治学者が何といおうと実際にあることをこれらの事件は示しています。

八、民主化の類型

もっとも、民主化がどこでも同じ変化だったわけではありません。その変動のパターンは、おそらく四つぐらいに整理することができるでしょう。

第一に、フィリピンやインドネシアにおけるような、民衆革命を伴って政治権力が倒れるパターンがあります。この革命型の特徴は、民衆の結集よりは、むしろその前の、政治体制のほうに分裂が広がって政治権力が空洞化した過程にあります。民衆革命は、すでに実質を失った体制を最後に倒す一撃、という役割でした。

フィリピンのマルコス政権は、すでに八三年頃には軍の分裂、政府と企業の対立、さらに経済危機と政府の信用の衰えなど、ガダガタといってよい状態でした。インドネシアのスハルト政権も、九〇年代の初めになるとスハルト一族の腐敗や経済介入も周知となり、軍のなかの対立も芽生えるなど、体制の空洞化は進んでいました。そのような体制の危機にもかかわらず、マルコスもスハルトも政権を手放そうとしない。フィリピンやインドネシアの場合、民衆の結集なしには体制が倒れないほど政治が硬直し、末期症状に陥っていたのです。

しかし、このような革命型は決して典型ではありません。例えばタイでは、民主化以前から民間企業が文民政党の支援を明確にしつつあり、軍の経済介入に対する不満も高まっていました。ところが、危機が昂進する前に、プレーム首相は軍の政治的撤退を進め、チャーチャイに政権を譲り渡しました。ここでは、革命ではなく、むしろ政治権力の仕組みと安定を維持するために権力を移譲する過程を見ることができます。韓国の民主化にも同じような特徴があったと私は思います。一般化の難しい事例ではありますが、台湾民主化の過程でも、下からの運動に突き上げられたというよりは、国民党組織の改編という、リーダーシップの側から起こった変化が大きな役割を果たしました。革命型に比べれば目に付きにくい政治変動ですが、このような権力委譲型に属する民主化も少なくありません。

マレーシアやシンガポールは、また別のグループを構成しています。両国は、ともに六〇年代に文民政権を保持する、東南アジアでは珍しい諸国に属していました。その文民政権は、しかし、現在に至っても変わっておらず、与党も政治指導者もほとんど変わっていないだけに、むしろ寡頭支配や権威的支配に分類されることが多くなりました。いわば、文民政権と民主政治の外観のもとで、実質的には寡頭支配が行われている諸国と言えるでしょう。

マレーシアやシンガポールをデモクラシーと呼ぶべきかかどうかを議論する人もいるでしょう。だが政治学から言ってより大きな問題は、なぜこれらの体制が安定を保ち続けたのか、なぜマレーシアの連合政権やシンガポールの人民行動党政権が長続きするのか、という点にあります。

結論だけを言えば、議院内閣制という制度がこれに関与しています。マレーシアとシンガポールは、イギリスによる植民地統治の影響もあって、東南アジアでは二国だけ、小選挙区制と議院内閣制を組み合わせた政体をとっています。議院内閣制のもとでは、全国で一人を選ぶような選挙はなく、選挙区ごとの選挙しかない。選挙区選挙では、政治体制の正統性に関わるような案件をできる限り回避し、地元有権者の具体的利益に即した投票をまとめることが期待できます。もっと簡単にいえば、選挙区で票を買収したり、選挙区の区画を変えたり、選挙区での立候補者を操作したりすることで、政治体制一般に対する挑戦を避けたり遅らせることができるのです。また、与党に対抗する政党を議院内閣制のもとで作ろうとすれば、全国の選挙区に候補者を立てることのできる全国政党が必要となります。これは、現権力者に代わる候補一名を擁立するのとはまるで異なる、野党勢力に大変きびしい条件だと言えるでしょう。

それに対して、特に強権支配が信用を失ったなかの大統領選挙では、野党勢力に大きな機会が与えられます。与党、あるいは大統領の人気が落ちていれば落ちているほど、政体の正統性が問われ、それが野党の得票につながるからです。政党組織とか選挙区ごとの候補者に関わりなく、その体制に対する不信が野党を有利にするのです。

民主化した諸国の多くが大統領制をとっているのは偶然ではありません。韓国とフィリピンは、アメリカ的な大統領制をとっている国としては、アジアでは数少ない二国に当たります。インドネシアでは間接選挙による大統領制という珍しい制度がとられていますが、大統領の権力が極度に大きいために、大統領選挙の正当性が政変を左右しました。そして、議院内閣制をとるマレーシアとシンガポールでは、与党と行政府が結びついた強力な与党支配のもとで、強権的支配が民主制の外観を壊すことなく続いたことになります。これが第三の類型、すなわち政府党体制とその安定です。

変動のパターンの最後が、アジアに残された社会主義諸国です。そして、ベトナム、ラオス、カンボジアなどでは、過去一〇年ほどの間、東南アジアの開発体制の経験に学ぼうとする動きが広がりました。共産党の支配を保つためにも、経済成長と政治的安定（ないし強権的支配）をともに達成したＡＳＥＡＮ諸国の模倣を計るのです。そして実際に、ベトナムのドイ・モイ政策などを通して、インドシナ三国における経済開放は進みつつあります。だが、中国と比較すれば、その経済開放のテンポは遙かに緩やかであり、経済成長にも目立った成果はまだ見られない。インドシナ三国において過去のＡＳＥＡＮ各国のような開発体制が実現すると判断するのは、まだ早いかもしれません。

このように、各国における民主化過程を比較すると、革命型のような事例は一部に過ぎないことがわかります。むしろ、危機が広がる前に政権を手放す権力委譲型、あるいは議院内閣制と強大な与党に支えられた政府党体制の安定、さらに残存社会主義国における体制膠着など、かなりの数の類型を比較してみなければならないことがわかるでしょう。東南アジア各国の社会が多様なように、民主化の過程にも大きな違いがありました。

九、民主化後の課題

それでは、民主化した後にはどのような政治的課題が残されるのか、最後に考えてみたいと思います。民主化が終わってから、まだ時間があまり経っていないこともあり、明確な結論を示すことはできません。それでも、新しい政権を襲った政治課題を、次の四点にまとめて考えることができるでしょう。

第一は、前体制の精算という課題です。安定した政治体制をつくるためには、前体制の官僚や政治家の追放は不合理です。しかし、前体制の遺物のような政治家が残っているほど、新政権への不満が高まってしまう。このジレンマは、フィリピンとかインドネシアのような、激しい変化を伴った事例において、とりわけ深刻な形をとって現れることになります。特に、前体制のもとで行われた残虐行為、殺人、あるいは腐敗のような政治犯罪をどうするのかという問題が争点になりやすい。処罰すれば、有力な政治家は減り、政治的不安定が高まります。処罰しなければ新体制の信用は傷ついてしまう。このジレンマが、新政権を襲う最初の難関となります。

フィリピンの場合は、前政権との断絶を表面では強くうたいながら、結局前政権のもとでの政治犯罪はほとんど問われていません。そこでは、国外に退去したマルコスやベールなどへの糾弾は行われるものの、国内に残った前体制への協力者については責任が問われることはありませんでした。処罰の不在や目こぼしは、新政権の弱さを示すものとしてとられ、アキノ政権の不安定を加速することになりました。

インドネシアの場合、旧体制によって新体制の安定が脅かされるのではないかという懸念が今なお残されています。ハビビ政権という、「スハルトなきスハルト体制」とも呼ばれるような過渡的政権が倒れ、ワヒド政権の発足とともに前政権との断絶が一応は実現します。しかし、前政権の政治犯罪を問うことができるほどワヒド政権が強くはなかった。スハルトを軟禁し、あるいは軍の刷新を呼びかけながら、実質的な成果は今なお乏しいと言うべきでしょう。そのワヒド政権が倒れ、メガワティが大統領となる過程でも、ワヒドと国軍の対抗が背景にありました。フィリピンと同じように、前政権との断絶を実現するには、その意志だけではなく、実効的な権力が必要となるからです。

次の問題が経済再建です。民衆の参加によって新政権が生まれると、経済生活の向上に対して過度に高い期待が寄せられることは避けられません。ところが民主化した直後には、むしろ放漫財政から緊縮財政への転換が経済的に必要となります。財政の必要に応えれば経済生活は逼迫するが、逆に財政拡大を試みれば外資の信用を失ない、資本逃避や通貨信用の下落を招いてしまいます。このジレンマは、権威的支配の末期には放漫財政や公共料金引下げなどによる投機的支持調達が多いだけに、いっそう深刻となります。国際通貨基金の支持なしに新政権が経済的に成り立つことはない以上、ジレンマと呼べるほど政策選択の幅があるわけではないが、不満が生まれるのを避けることも難しい。新しい政権ができ上がったのに、経済的には報われない、前よりもひどくなったじゃないか。そんな経済的不満が、新政権の信用を大きく阻害していきます。

前政権の精算と経済政策の蹉跌はフィリピン、インドネシア、またタイなどに共通してみられた問題ですが、インドネシアの場合にはこれに国民統合の課題が加わります。フィリピンやタイでは、国内における民族対立が地域的に限られています。フィリピンでは南部のイスラム教徒との間の内戦が続いていますが、その外に反乱が広がる状況ではない。タイの南部にはイスラム教徒が居住し、かつてはマレーシア北部のイスラム教徒と結び付いて反乱を起こした経緯もありますが、いまではそのような運動は衰えました。ところがインドネシアの場合は、地域における民族紛争が、その地域の治安を脅かすだけでなく、国家全体の不安定を招こうとしています。

一般に、連邦制に近い制度をとる諸国では、民主化の過程で地方の分離要求が生まれやすい。民主化が全国の民主化という形ではなくて、各地域の自立要求、独立要求となってあらわれるからです。そして、インドネシアは、オランダ統治の元の領土を、いわば帝国のように継受したため、ジャワと外島部との間の統合をどう計るのか、政治統合の課題を抱えています。スマトラ島北部のアチェやニューギニア島の西半分にあたるイリアンジャヤにおける分離要求は、当初は独立の要求というよりは、前政権の下の無責任な行政に対する反発から始まりましたが、それが本土における政治の空白もあって、より急激な分離要求に急進化を進めていきました。首都の市民は地方の要求に冷淡なことが多く、むしろ自分たちの財政によって面倒を見てきたという庇護意識と、それを裏切られた、恩知らずだという反発があり、それが統合問題をさらに険悪なものにしてしまいます。自立が認められなければ内戦勃発という緊張へ加速するのです。

また、東南アジアの場合には、地域統合と並んで華人の社会的地位が問題となります。経済活動においては中国人の影響力が決定的ですが、政治参加からは阻害され、あるいは迫害されるというパターンが各地域で繰り返されたからです。インドネシアばかりか、マレーシアでも、また基本的には華人の都市国家であるシンガポールでも、華人とマレー系住民、あるいはインド系住民との間の関係をどのように保つのかが常に潜在的争点となってきました。そして、強権支配のもとでは潜在的であった民族対立が民主化過程の進展とともに顕在化します。スハルト大統領追放の過程で、ジャカルタで反華人暴動が広がったように、民主化したためにかえって華人との関係がより険悪となり、政治的な争点となる可能性が無視できないのです。

最後に、地域機構の問題に触れておきます。ＡＳＥＡＮはほかの地域に比べても発展途上国の間の政府の協議を進めたという点で例外的な成功を収めた機構です。確かにＡＳＥＡＮはヨーロッパ統合のような体制を持っていないが、ほかの発展途上国の間では、ラテンアメリカ、南アジア、あるいは南部アフリカを見ても、政策調整のための定期的協議さえ長らく開かれることがありませんでした。ＡＳＥＡＮの成果が小さいとはいえません。

問題は、ＡＳＥＡＮが、基本的には強権支配を続けてきた諸国の間の調整、いわば政府の間の談合として進められてきた点にあります。そこでは官僚間の調整が主な課題であり、各国の世論は、極端に言えば問題ではなかったのです。

各国が民主化すると、官僚の談合だけで外交を進めることはできず、国内世論を外交政策に反映させる責任が生まれます。それでは、国内世論が反映されるなかで、それまでのような政府間の政策調整を進めることはできるのでしょうか。民主化の進展とともに、ＡＳＥＡＮ各国の外交における相違も次第に明らかとなっています。

過去一〇年を振り返っても、民主主義堅持をＡＳＥＡＮの原則にすることを掲げるフィリピンと、そのような政治原則をＡＳＥＡＮに持ち込むべきでないとするシンガポール、あるいはイスラム教徒への処遇をめぐるフィリピンとインドネシアの対立、そして華人への虐待に対するシンガポールとインドネシアとの対立など、政治原則や民族対立などに関わる新しい対立がＡＳＥＡＮ各国の間で芽生えています。これらはいずれも、国内社会の問題をこれまでは押さえ込んできたＡＳＥＡＮが、各国の民主化とともに新たな争点に取り組まなければならなくなったことを示しているといえるでしょう。

民主化後の政府は、国内から過大な期待を寄せられながら、前政権の精算も経済復興と所得再配分も、それどころか国内の政治的安定の維持についても、さしたる成果を収めてはいません。新政権も、ユートピアが実現した喜びに支えられるよりは、ただそれ以前の政権よりはまだましだからという消極的な支持に支えられることになります。こうして、民主主義における制度と理念の問題が再び問われかねないような状況が生まれることになります。

一〇、むすび

政治結社、組織、前衛のないところで市民が集まり、市民社会を生み出したことが民主化革命の栄光でした。しかし、その市民社会は、雪の花輪のように溶けてなくなってしまう。組織なき市民社会は民主化の栄光であるとともにその悲惨でもありました。

立ち上がったはずのおじさん、おばさん、お兄さん、お姉さんは、すぐに座ってしまう。新体制は、それまでの体制と断絶したものではなかった。二〇世紀革命の多くが、それまでよりもひどい独裁とともに終わったとすれば、その世紀の末期に起こった一連の民主化革命は、極度に多くの人々を集めて権力を倒しながら、それまでの政府との違いのはっきりしない変化に終わることになります。

それでも一つ、確実なことがあります。それは既に東南アジアにおける国民とか、市民とか、人民とか、民衆、要するにそこに住んでいる人たちが、政治指導者が説教をしたり動員をしたりする対象だけではなく、自ら声を挙げ、政治権力を担う主体として生まれたことです。東南アジアにおける民主化は、やはり実現しました。今後、住民の期待に政府がどこまで応えていくことができるのかは問われるでしょう。それでも、独裁は工業化の必要悪ではないかとか、民主主義はアジア的な価値になじまないとかいった議論は、現実の根拠を失いました。現在の東南アジア政治では、現実のものとなった制度としてのデモクラシーを、いかに理念としてのデモクラシーに近づけるか、これが新たな課題になったと言えるでしょう。

アジア通貨危機の実態と教訓

リチャード・クー

一、アジア通貨危機の構造

アジアの奇跡の原動力は何か

一九九七年七月に起こったタイバーツ暴落をきっかけに、アジア各国は一斉に通貨危機に見舞われ、大混乱に陥りました。その結果、深刻な景気悪化、銀行の貸し渋りが進行し、なかには大恐慌と言える状況にまで経済活動が縮小してしまった国もあります。

このアジア危機については、「為政者に権力が集中する開発独裁だから、その歪みが出たのだ」とか「アジア的な価値観がいけなかったのだ」などとさまざまなことが言われました。とくにアメリカやイギリスは「アングロサクソン的に経済を再構築しなければならない」と、民主主義、市場経済、自由主義を徹底させるため、ＩＭＦ（国際通貨基金）を中心として、アジア経済の構造改革を強く推し進めようとしました。

しかし、当時「アジアの混乱」の現場にいた人間として、私はこのアジアの通貨危機の原因は、アジア経済の構造問題に起因するのではなく、円ドルレートをめぐる為替レートと国際資本移動に問題があったと指摘しておきたいのです。

それには、まず通貨危機に陥る前のアジア経済の状況を理解しておかなければなりませんが、当時のアジアは「アジアの奇跡」と言われ、全世界の投資家、マスコミが注目する存在でした。まさしく「二一世紀の成長センター」という当時の世銀の言葉がぴったりなほど、光り輝いていたのです。

それほどアジアが輝いていた原動力は何かと言えば、じつは円高だったのです。円高がアジアの奇跡をもたらしたのです。

そもそも円高は、一九八五年ニューヨークのプラザホテルでＧ７が政策合意した、いわゆる「プラザ合意」からはじまりました。このプラザ合意で、Ｇ７各国はドル高是正のために通貨政策を協調することを取り決めたのです。

当時の円ドル・レートは一ドル＝二四〇円。この為替レートではアメリカの産業が国際競争力を維持できず、アメリカ国内では、すさまじい保護主義が台頭していました。実際にプラザ合意時に米国で言われていたのが「本来三〇年でなくなる産業が三年でなくなってしまった」ということで、これはいかに当時の米国における産業空洞化がひどいものであったかを物語っています。この空洞化からくる米国の保護主義を抑え込まなければ、全世界に保護主義の嵐が吹き荒れてしまい、自由貿易体制に壊滅的な打撃を与えると考えられ、各国当局主導によるドル高是正、円高や、欧州通貨高への誘導が始まったのです。ここから始まった円高はまるまる一〇年間続き、若干の振幅はありましたが、円は一直線に高くなっていきました。その結果、九五年の四月には、最高価で円は一ドル＝八〇円を切るまでに上がったのです。

一ドル＝二四〇円から一ドル＝八〇円ということは、ドルは三分の一になり、円は三倍の価値を持ったということです。そうなると、それまで日本でものを作って世界に売るというパターンで輸出を展開してきた日本企業の多くは、わずか一〇年間で為替レートが三倍上がってしまったため、とても日本で生産活動は続けられない状況に追い込まれてしまいました。

そこで日本の製造業は海外進出を行うことになりました。多くの日本企業にとって、生産拠点を海外に移すことは初めての経験でしたが、その他に選択肢のなくなった彼等は、一気にアジアに工場を移していくことになったのです。

円高で恩恵を得た国々

この円高の恩恵をもっとも大きく受けた国は四つあります。まず、一つが韓国です。韓国は鉄鋼業や造船業など、多くの分野で日本と同じ製品分野で競い合っていたので、円高で日本製品が競争力を失っていけば、その分だけ韓国企業への受注が増えることになります。そのために大きな恩恵を受けました。

残りの三つは、タイ、マレーシア、インドネシアです。この三カ国は、日本からの工場進出という恩恵を受けました。おそらく日本から海外進出した工場の大半は、この三カ国に進出したものと思われます。プラザ合意を演出したアメリカは、日本企業のアメリカへの進出を期待していましたが、一部の企業を除き、大半がタイ、マレーシア、インドネシアに進出したのです。

日本企業の進出によって、この三カ国にはまさに夢物語のような素晴らしい世界が出現しました。日本企業が、最新の設備と機械を持って入ってくる。土地を買い、整地し、工場を建て、従業員を雇い入れて訓練を受けさせる。そしてものを作り、作ったものは日本企業が世界には り巡らせたマーケット・ネットワークに乗せて、世界中に輸出されていきました。これら三カ国は、生産は伸びる、所得は伸びる、雇用は伸びる、輸出は伸びると、望ましい全てのことが同時に発生したのです。

私は九〇年に出張で東南アジアをまわる機会がありましたが、そのときに現地の日本の家電メーカーの方から、「クーさん、世界でVTR生産ナンバー2の国はどこだと思いますか」と質問を受けました。もちろん、ナンバー1は日本です。私は正直なところ、韓国か台湾だと思いました。韓国にはサムソンなど有力な家電メーカーがあり、台湾でも家電製品の生産は盛んであるからです。ところが、彼はマレーシアがナンバー2だと言うのです。私は驚いて、なぜかと尋ねました。

彼が言うには、マレーシアには日本企業の進出当時、現地には部品工場は一つもなかったのですが、そのことが逆に幸いして、日本メーカーがこぞって進出したのだそうです。その結果、一九八五年のプラザ合意当時、マレーシア経済は世界的にはほとんど注目されない存在でしたが、そのわずか五年後の九〇年には、大きな存在感を持つようになったのです。

外資を受け入れる国の多くは、その国での現地調達比率を設け、外資がその国の企業から何割かの部品を仕入れなければならないようにします。しかし、当時のマレーシアには、部品工場がほとんどなかったので、そのような規制はなかった。しかも、当時のマハティール首相が、日本のメーカーの進出を奨励していました。その結果、日本から進出してきた企業は、日本を含む海外から最も好ましい部品をいくらでもマレーシアに持ち込むことができ、その結果、日本で作るのと同じような品質の高い製品を作れるようになりました。それで同国は一九九〇年には、既に世界ナンバー2のVTR生産拠点になっていたのです。

マレーシアほどではないにせよ、似たようなことが、タイでもインドネシアでも起きていて、日本企業が押し寄せ、次々と生産活動を始めました。そして、雇用も所得も輸出も増えていきました。そこから、アジアの奇跡が始まったのです。

このように、日本企業が東南アジア活性化の最初の原動力を持ち込みました。日本国内で騒がれた産業の空洞化は、彼等にとってみたら工業化そのものだったのです。それで経済が好転するようになると、人々の収入は増える。金銭的余裕が出てくると、消費が活発になる。消費が活発になれば、現地企業は潤う。このような好循環によって経済が拡大していくという形が一九九五年まで続いていました。つまり、八五年に一ドル=二四〇円だった円ドル・レートが九五年に一ドル=八〇円をつけるまで続いたのです。夢物語は一〇年間続いたことになりますが、九五年の四月から状況は一変します。

九五年四月から一変した状況

九五年四月から円安・ドル高という、それまでの為替動向とは正反対の動きが始まったのです。円安・ドル高になると、日本企業はアジアに工場を移し、そこで生産をする意味がなくなるし、またアジアから製品を買う理由もなくなります。円安になると、国内にある工場で生産しても、十分に国際競争力を持つ製品ができるからです。

そうなると、「なぜ、わざわざアジアに進出しなければならないのだ」「国内の雇用を維持する方が大切だ」という風向きに変わってきます。そのため、それまでアジアに次々と持ち込んでいた設備や資本の意義が薄れてしまったのです。

図1は、この為替の動きがいかに大きなものであったかを示しています。このグラフは九五年四月に始まりますが、この時点が、まさに円の対ドルレートで見たピークです。そこから円は、急激に下落していく。一方、アジア通貨のほとんどは、当時ドルとペッグしていたので、動かない。しかもこのペッグのため、ドルが世界最強の通貨になると、アジア通貨も世界最強の通貨になってしまいました。そのため、彼らの国際競争力が失われていったのです。国際競争力が失われるということは、国際収支も悪化してくる。

九六年頃になると、ある日本の小売業者は「もうタイから買うものは何もない。高過ぎる」と言っていました。余りにも円安が進んだため、それまでタイから輸入することで想定されていた利益のほとんどが吹き飛んでしまっていたのです。

本来なら、国際収支が悪化して、貿易赤字が増えていくという状況になれば、通貨は下がるはずなのですが、このときは実は、同時にもう一つのことが起こっていました。それは全世界

図1　正常化した円とASEAN及び韓国通貨の関係

（4／95＝100，逆目盛り）　　　　　　（ルピア、98／1月以降）

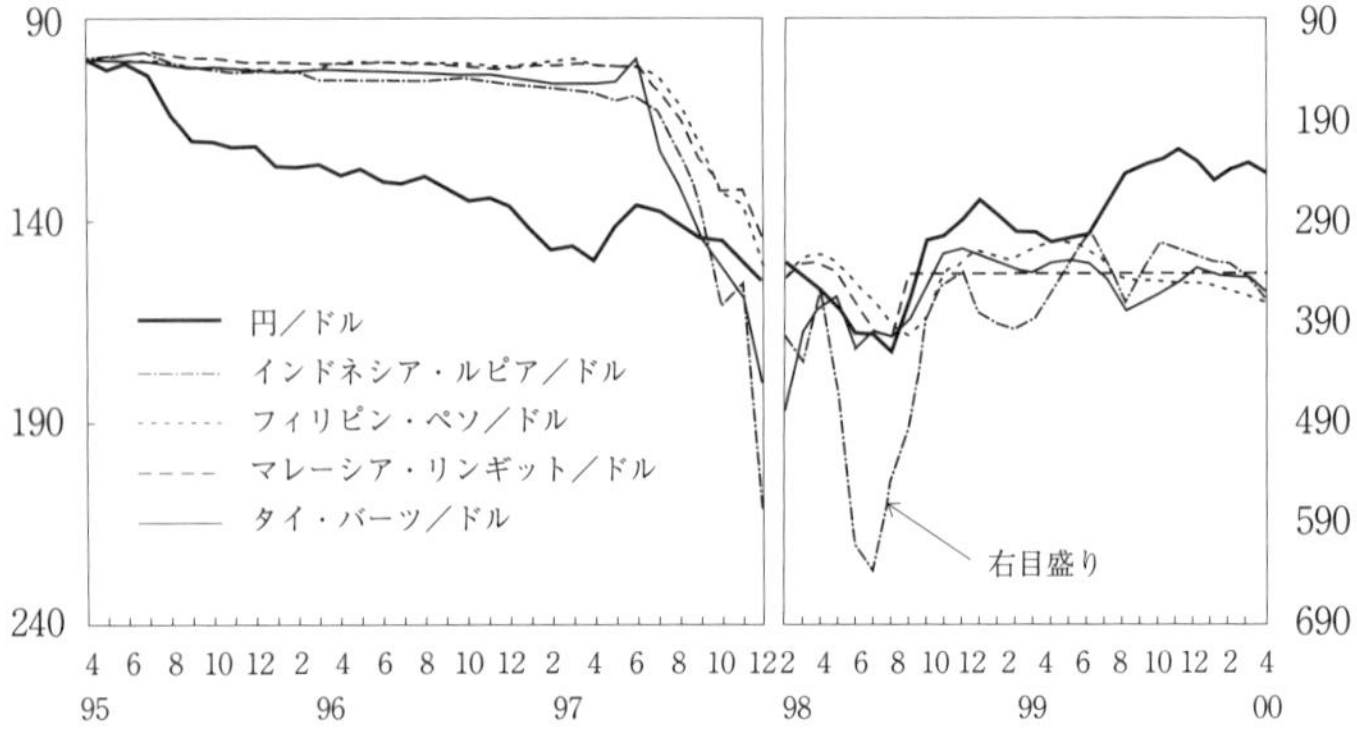

（4／95＝100、逆目盛り）

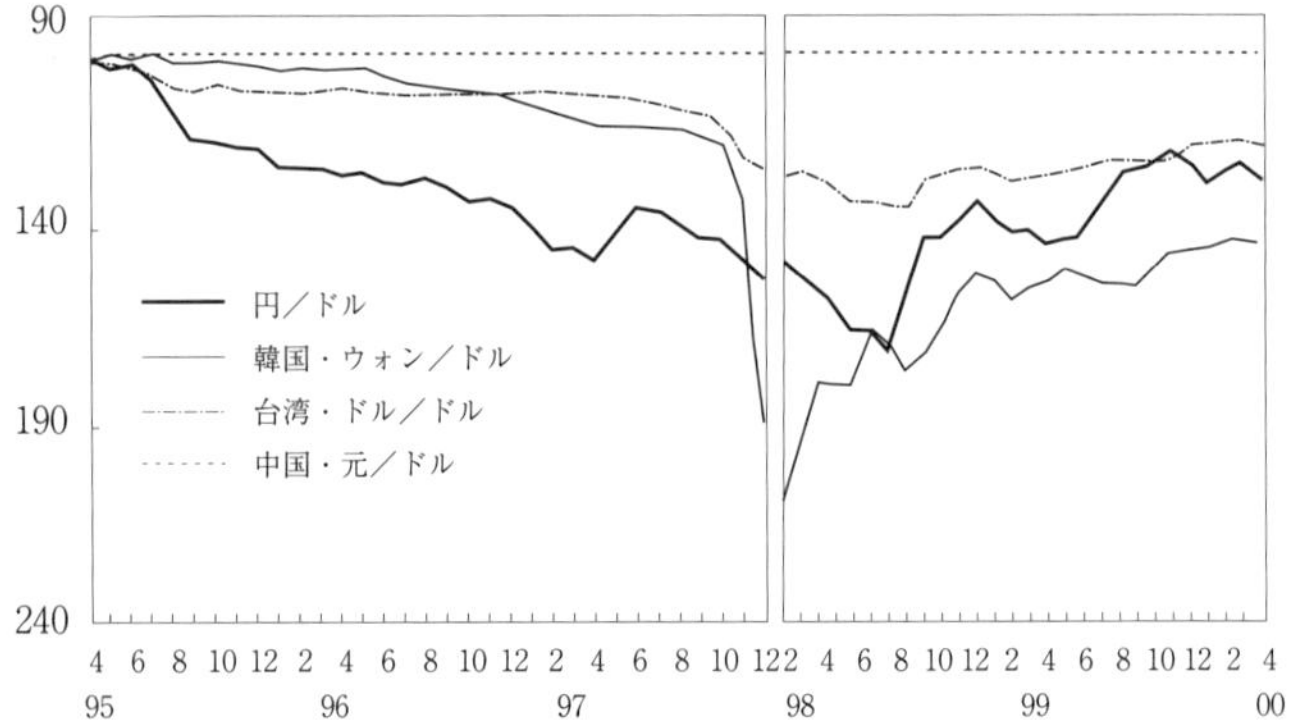

（資料）　野村総合研究所

の投資家にアジア・フィーバーが起こっていたことです。

通貨の調整を遅らせたアジアフィーバー

「アジアにさえ投資していれば、絶対に儲かる」「アジアは二一世紀の成長センターだと世界銀行も言っているではないか」と、世界中の投資資金がアジアに集まっていました。アジアの人たちは貯蓄率も高いし、教育水準も高い。勤勉だし、起業家精神も旺盛である。そういう国々に投資して損するはずがないという発想が蔓延していたのです。

アメリカや日本の投資家もそう思っていましたが、一番すさまじかったのがヨーロッパの投資家たちでした。なぜヨーロッパかというと、日本やアメリカはそれまで数十年間、アジアに対して経済、外交、それに安全保障など、さまざまな側面で関係を持っており、プラザ合意以前からアジアに投資していた企業も少なくなかったのです。

一方、ヨーロッパの場合は、一九六〇年代の終わりまでアジアの国々を植民地統治していました。現在のアジアの国々の多くは、そうした宗主国から独立を勝ちとって成立したわけですが、ヨーロッパの企業や投資家は、自分たちが占領してきた国で派手に経済活動するのはいかがなものかと、遠慮してアジアから身を引いていたのです。

そして、独立から二〇年、三〇年経ってみると、かつて植民地支配していたアジアが光り輝いて見える。日本やアメリカ、台湾などの企業が、アジアで大儲けしています。「アジアはもともと我々のものだったのに、ちょっと遠慮して手を引いているうちに、日本やアメリカにおいしいところをみんな持っていかれた」という認識を、ヨーロッパ中が持ち始めたのです。

日本、アメリカがはじかれた国際会議

九六年にイタリアのベニスである国際会議が開かれました。それはEC委員会主催の会議で、ヨーロッパ中の政治家や外交官、学者、ビジネスマンなどが一堂に会し、もう一度ヨーロッパとアジアを結びつけるにはどうすれば良いかを考えることが議題でした。ヨーロッパから二五〇人、アジアから二五〇人が出席しました。

このような趣旨の会議ですから、当然呼ばれていない国々がありました。それが、日本、アメリカ、台湾でした。台湾の場合は、中国からのグループが大挙して出席していたので締め出された格好ですが、日本とアメリカについては完全につまはじきです。つまり、この会議の趣旨は日本とアメリカに奪われたものをヨーロッパが取り戻すにはどうすればよいかということだったのです。

ところが、誰がどこで間違えたのかわかりませんが、日本とアメリカがはじかれたこの会議に、私は呼ばれていました。アメリカ国籍を持ち日本で生まれ日本企業で働く私がどうして呼

ばれたのか不思議なことですが、そこで私は「植民地統治から一度身を引いたら、日本とアメリカに全部とられてしまった。もう一度、我々が取り返さなくてはいけない」というEC委員会のすさまじい意思表示を目の前で見せつけられました。

さらに驚いたことに、これは「民」だけではなく、「官」も民に対し、一緒に「もっとアジアに投資しよう」と呼びかけている点でした。私はもちろん日本やアメリカの関係者と見られかねないので、三日間比較的低姿勢で過ごしましたが、最後の合同会議が五〇〇人全員を集めて開かれたとき、我慢できなくなり発言しました。

「みなさん、ヨーロッパの方がアジアに来られることは、たいへん結構なことだと思います。日本人も来て、アメリカ人も来て、台湾人も来て、ヨーロッパ人も来て、みんながそこで切磋琢磨していい製品を作る。それが社会の進歩につながり、私としても大歓迎するところです。

みなさんは日本やアメリカの企業がいまアジアで成功していると認識しておられるようですが、これにはすごく長い歴史があるのです。一〇年、二〇年、三〇年、場合によってはもっと古くからアジアに進出し、そこで試行錯誤しながら、ときには大きな失敗も経験し、大きな損も出しながら、今やっと歯車が噛み合いだしたところです。

したがって、みなさんも、アジアに来る前には、そういうアジアという特殊な地域の状況をよく勉強してから来てください。」

私はそう述べました。とくに、アジアに残っている政治問題、中国・台湾や朝鮮半島の問題について意識的に話しました。「アジアにはまだ多くの政治・経済面でのリスクが残っており、それに対して十分な備えをしておかなければ、何かあったときにみなさんはパニックに陥るでしょう。みなさんがパニックに陥ったら、みなさんも大きな損失を受けますが、受け入れているアジアの側も大きなダメージをこうむります。従ってそのような反応にならないよう、みなさんは、きちんと宿題をやってからアジアに来て下さい」と申し上げたのです。

私としては当然のことを言ったつもりでしたが、会場の反応は賛同の声が上がるどころか、まったくその逆でした。「あいつ日本の回し者だ」「CIAのスパイだ」「あいつの言うことは聞くな」と、大変な反感が私に集中したのです。五〇〇人の出席者のうちかなりの数が立ち上がって、一斉にブーイングです。私は、「わかった、わかった、みなさんの幸運を祈る」と言って席に着いたのですが、当時のヨーロッパではそのくらいやみくもに、民も官もアジアに進出しなければと焦っていたのです。

その気になってしまったアジア

このような状況によって、日本やアメリカ以外にも、かなり大量の資金がヨーロッパからアジアに流れ込んでいきました。

それをアジアの立場から見ると、どういうことになるか。それまでのアジア諸国は、国際会議に出席しても二流国扱いでした。欧米のマスコミがアジアに注目することはほとんどなく、アジアが欧米のニュースに登場するのはクーデターが起きたときくらいでした。

それが、一九九〇年代中頃になって急に、金髪碧眼の投資家が、「お金を貸します。最高の優遇レートでどうですか」と大挙してにじりよってくるのです。普通なら想像もつかないような有利な金利でお金を貸してくれるという投資家や銀行が、大勢やってきました。しかも、欧米の超一流の投資銀行ばかりです。

想像してみていただきたい。もし、あなたがインドネシアの一ビジネスマンだったとしましょう。インドネシアは、わずか三〇~四〇年前には世界最貧国の一つでした。わずか数年前までは、世界の一流銀行はどこもまともに相手にしてくれなかった。お金を借りようと思ったら、理不尽なくらい高い金利を吹っかけられていたのです。それが九〇年代になって急に、世界の投資銀行から多くの人がやって来て、低金利で金を借りてくださいと頭を下げてきたのです。

当然のことながら、インドネシアのビジネスマンたちは「我々の三〇年の苦労はムダではなかったのだ。やっと欧米から一人前と認められたのか」と思うでしょう。そして、そうしたお金を借りて、いろいろな事業に投資をするに違いない。もっと高いビルを建てよう、もっと大きなダムを造ろうと思うでしょう。その結果、当時のアジアでは、メガプロジェクトと言われた巨大事業が、次々とわき上がっていったのです。欧米の一流投資銀行からの資金流入は、アジアのビジネスマンを有頂天にさせたのです。

日本でさえ、ハーバード大学のエズラ・ヴォーゲル教授が『ジャパン・アズ・ナンバーワン』という本を書いただけで、あれだけ有頂天になってバブルを巻き起こしたくらいです。インドネシアの人々が有頂天になって、いろいろなものに投資しようとしたのも、当然のことでした。巨額なカネが海外から流れ込んだ結果、アジア経済はバブルを引き起こしました。その一方で、国際競争力が低下し、対外収支も悪化しましたが、それに見合う資本流入があったので、為替レートは高いまま維持されてしまったのです。実際九五～九六年ごろに、あまりにも海外からの資本流入が大きいため、タイの中央銀行は、タイバーツがドルペッグを越えて更に上昇しようとしたのを抑えるのに、大変な苦労を強いられたのです。そのくらいヨーロッパ中心のアジア投資ブームは、すさまじいものだったのです。

当時のアジアとまったく同じ状況がごく最近までのアメリカで発生していました。二〇〇〇年までのアメリカの対外収支はどんどん悪化し、貿易赤字は人類史上最悪になっています（図2）。あの国のどこに競争力があるのかと思うくらい、すさまじい貿易赤字です。しかし、それでもドル資産を買いたいという、めでたい投資家が世界中にたくさんおり、彼等が自分たちの通貨を売ってドルを買っているので、ドルが下がらないのです。貿易収支のバランスを考えれ

図２　累増する米国の貿易赤字

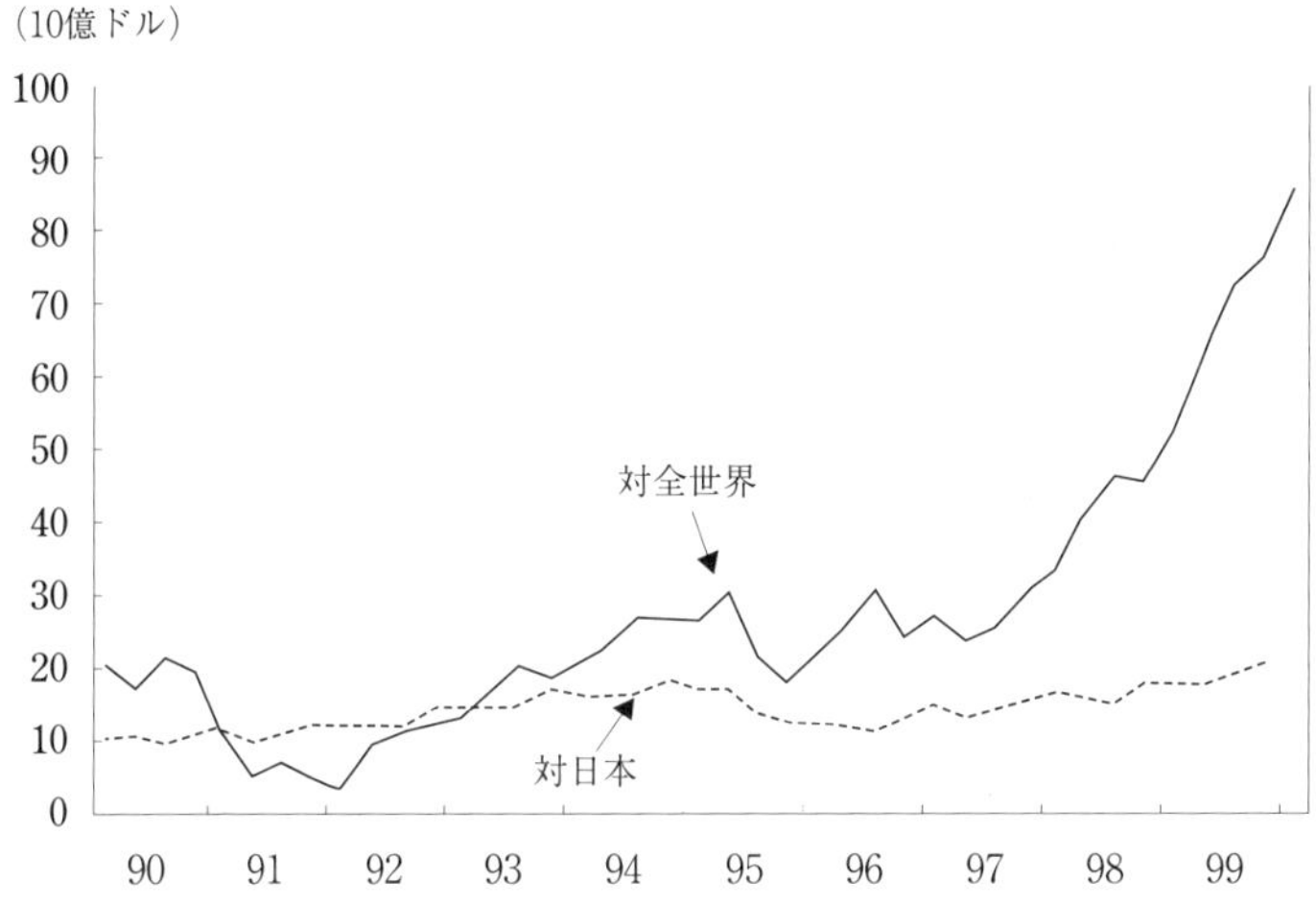

(資料)　野村総合研究所

ば、もっとドルは下がっているはずなのですが、貿易赤字を埋めるだけの資本流入がある限り、ドルは下がらなくてすむというわけです。

アジア通貨危機の原因

そのような状況がアジアでも九六年から九七年まで続いた結果、同地域はバブルになっていき、しかも次々に発表されるメガプロジェクトでますます輝いて見えました。しかし、さすがに九七年の夏頃になると、大挙して押し寄せていた海外の投資家たちも、本当にこのままアジアに投資をしていていいのだろうかと、疑問を感じ始めました。

図3　調整しつつあるASEAN・韓国の貿易収支

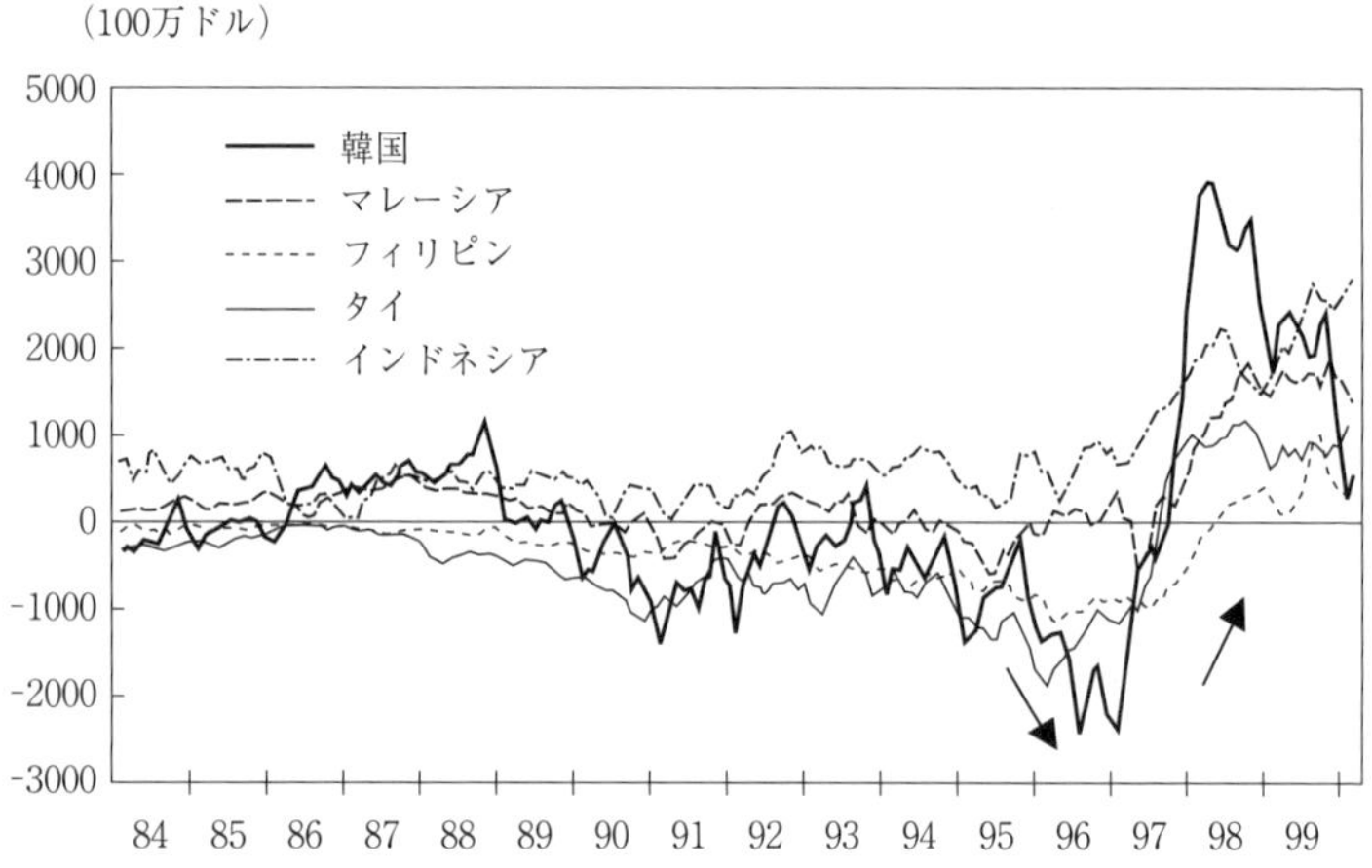

(資料)　野村総合研究所

なにしろ、対外収支はどんどん悪化している。図3は韓国、マレーシア、タイ、インドネシア、フィリピンの対外収支を表したものですが、九五年から貿易赤字はどんどん増えていることがわかります。九七年初めの状況をみるとかなり悪化しており、やはり投資家たちも本当に大丈夫かと思い始めたのです。

野村證券のシンガポール支店は、九七年二月の段階で、このままではアジアは破綻すると判断し、世界中の投資家に対して「アジアへの投資はゼロにしなさい」とまで警告を発しています。アジアの資産は全部売り払って、いまのうちに逃げ出しなさいと言ったわけですが、そのときはまだ「アジアの奇跡」と多くの人が浮かれていたので、「何を寝ぼけたことを言っている」と誰もまともに受け止めてくれなかったのです。

実際、この時期、私が欧米の投資家にアジアの問題点を指摘しようものなら、「あなたがそんなに悲観的なのは、景気が低迷している日本の野村に身を置いているからだ」とまでののしられたのは一回や二回ではありません。それ程みんなアジア・ブームに乗ろうとしていたのです。

しかし、さすがに九七年の七月頃になると、こんなに対外収支が悪化している国に投資をしていていいのだろうかという認識が広まり、誰かが売りに転じました。一説にはジョージ・ソロスが売り出したと言われていますが、本当のところはわかりません。

それまで投資家たちは「アジアに投資していれば絶対に儲かる」「アジアがおかしくなることはない」と自信満々で投資を行ってきました。彼等は余りにも自信があったので、対アジア投資のリスクヘッジをしていた投資家は極めて少なかったのです。

通常、海外へ投資を行う場合、すべての資産を一カ所に集中させてしまうと、そこがおかしくなった場合、すべての資産が吹き飛んでしまうので、そのリスクを避けるため、多くの機関投資家は国際分散投資といっていくつかに分散して投資を行います。

分散とは言っても、単にバラバラに投資するのではなく、たとえば欧米の投資家が日本株に投資しようと思えば、同時にメキシコの資産を買ったりします。なぜメキシコかというと、日本は産油国ではないので、石油価格の上昇に弱い。そうすると石油価格が暴騰すると日本株は下がるかもしれない。しかし、メキシコは産油国なので石油価格の暴騰によってメキシコの資産価格は上がるから、両方持っていれば、石油ショックが発生しても大きな損を出すことはない。違う性格を持った投資先をいくつかうまく組み合わせて、ショックに強いポートフォリオを組み立てる。これが国際分散投資の発想であり、リスクヘッジの基本です。

しかし、その一方でヘッジをかけるとその分だけ収益は落ちてしまいます。前述の日本株への投資なら、メキシコの資産を半分持っていれば、たとえ日本株が上がったとしても儲けはその半分にしかならない。絶対儲かると思うなら、すべての資産を日本株につぎこんだほうが、当然のことながら高い収益をあげることができます。

当時アジアに投資していた人たちは、誰もが絶対に儲かると思っていましたので、まったくリスクヘッジしていない投資家が多かった。つまり、アジア通貨危機が起こり始めてきたとき、投資家たちはみな丸裸だったわけです。しかも、一九九四～九五年ごろ、それこそ怒濤のようにアジアにやってきた欧米の投資家は、アジアのことを何一つ知らなかったし、勉強もしていなかった。彼等の多くは何の宿題もやらずに、「みんなが儲かると言っている」「バスに乗り遅れるな」というだけでアジアに飛び込んできたのです。

そのため、「これはまずい」という認識が広がりはじめると、アジアに対して何の知識もない彼等は逃げ出すしかなく、みんなが一気に出口に殺到しました。その結果、多くの人が一斉にアジア通貨を売り、ドル買いに走り、アジア通貨は瞬く間に暴落してしまったのです。それがアジア通貨危機の始まりだったのです。

パニック売りで適正水準以上に下げてしまったアジア通貨

このとき、アジア通貨が図1の円の水準まで下がることは、健全な調整だったと言えます。円高がアジアの奇跡を作ったわけですから、アジア通貨が円に対して競争力を失うということは自殺行為に等しい。円が下がり始めたら、自分たちの通貨も円とともに下げなくてはならなかった。ところが、一九九五年の時点で、そういう考えを持っていたアジアの政府関係者やエコノミストは、ほとんどいなかったのです。

その背景には、一〇年間も円高が続き、「円は強いものだ」という認識が当たり前になってしまったということがありました。どんなに良いことも、まる一〇年間も続くと当り前になってしまうのです。

さらに、「日本企業がアジアに来るのは当たり前だ。自分たちが勤勉で、教育水準が高く、貯蓄率も高いから日本企業はやってくるのだ」という思い込みもありました。実際は円高が最も重要な要因であったのですが、余りにも円高が長く続いたため、その重要性をみんな忘れてしまったのです。

そのためか、九五年から円安になったとき、残念ながらアジアのなかで、強い危機感を持った人はほとんどいませんでした。日本企業は進出してきて当然だと思い、円安になって日本企業が来なくなると、今度はヨーロッパから大量の資本が流れ込んできました。「やはり、我々がやってきたことは正しかった」と誰もが思ったのです。従って、その時点でアジアの国際競争力にとってもっとも重要な、対円レートがおかしくなっていることに危機感を持った人間は、ほとんどいなかったのです。

アジアをよく知らず、当初のバラ色の予測が外れて慌てた外国人投資家たちは、とにかくどんなレートでもいいから、アジア通貨を売って早く逃げ出そうという行動をとり、結局アジア通貨は、本来下げるべき水準の倍くらいまで下がってしまいました。まさに、私がベニスの会議で述べたように、彼等はパニックに陥ってしまったのです。

欧米の投資銀行の情けない態度

こうした状況になったときに、欧米中心で主張され始めたのが、アジア経済の構造問題です。欧米の投資銀行やＩＭＦなどが一斉に、「タイの銀行が滅茶苦茶に外貨で借りるからいけない、破産法が不備なのがいけない、マレーシアの法制度がおかしい、インドネシアの会計がおかしい、透明性が不十分だ」と、問題はアジア経済の構造にあるという主張をし始めたのです。しかも、国内景気が良くて自信満々だった米国政府までが、この主張に乗ってしまい、このような発想は「ワシントン・コンセンサス」とまで呼ばれるようになりました。

たしかに、アジアで構造改革は必要でしょう。私も構造改革を否定するつもりは毛頭ありません。しかし、あれだけアジアへの投資を勧めていた欧米の投資銀行が、通貨危機が起こると手のひらを返したように社会改革主義者に変ぼうし、投資家やアジアの各国政府に向って、アジアではどんな構造改革が必要かレクチャーし始めたことはナンセンスとしか言いようがありません。

その一カ月前まで、彼らは「アジアは絶対に儲かる」と言って投資家から資金を集め、アジアに集中的に投資していたのに、その投資で損が出たとたん、今度はアジアは構造改革が必要だ、銀行制度の改革が必要だと言い出したのです。

アジアが抱えているこれらの構造問題は、それこそ何十年も前からあったもので、何も昨日今日現れてきたものではない。ということは、彼等が指摘しているアジアの銀行システムに不備があったということなど、調べようと思えばいつでも調べることができたのです。たとえば、タイの企業倒産に関する法律がどうなっているかは法律書に書いてある。タイ人たちが意識的に隠していたわけではない。すべてオープンになっていました。これらは全て、彼等がアジアへ投資する前に、調べようと思えば調べることができたものばかりなのです。

投資というのは言い換えれば金貸しです。その金貸しが、借り手のことを何も調べず、カネを貸して損をしたら、それは貸し手側に問題があったと言うべきでしょう。つまり、そういう宿題をきちんとやることもせず、投資をしたことが問題なのです。これは、投資家としては、失格と言わざるをえません。

投資家がある国に投資をしようとする場合（自国内での投資でも同じことだが）、その国にどういう問題があって、法律や会計制度はどうなっているか、統計数字はどういう意味を持っているかなど、事前に調べてから投資しなければなりません。それこそ、投資のもっとも初歩的なステップです。そして、そのうえで、「多少のリスクはあるが、現在の価格なら投資してもいいだろう」と判断すれば投資し、「この会計数字や経済統計は信用できない」と判断すれば投資を見合わせることになるでしょう。

しかし、九五年から九七年にかけて欧米から入ってきた投資家の多くは、アジアの状況をまったく知らなかった。つまり、まったく勉強をしていない人間が大挙して押し寄せてきたわけです。もし、宿題をやって十分検討した上で投資したなら、少し為替レートが動いたくらいでパニックになるはずがなかったのです。

アジア危機は構造問題が原因ではない

もし、タイやインドネシアの政府が、貿易収支の統計を故意に改竄し、実際の数字をごまかしていたとしたなら、それは犯罪行為であり厳しく罰せられるべきですが、すべての情報はオープンになっていました。また、アジア各国の経済や金融統計が日本やアメリカに比べ、どのくらいの精度があるのかも事前に調べればわかるものでした。それなのに、貿易収支などの経済データも、法制度も、会計制度も調べずカネを貸しておきながら、それで危機が起きたら、今度は構造改革が必要だというのはナンセンスきわまりない。

金融の問題にはいつも貸し手責任と借り手責任があります。ところが今回のアジア通貨危機では、欧米のマスコミもＩＭＦも借り手責任ばかりを追及しましたが、何も調べずにアジアのビジネスマンに巨額のカネを貸した欧米の投資銀行の貸し手責任こそ、本来問われるべきだったのです。

更に言うと、欧米の投資家が「構造改革を行え」とアジアの国々に要求することは、彼等にとっては、自己否定しているに等しいことなのです。

というのは、アジアへの投資に旨みがあったのは、じつは構造的に問題があったからなのです。これを理解するには、なぜ先進国の投資家が、発展途上国に投資するかを考えてみる必要があります。なぜ、アメリカの投資家は自国ではなく、マレーシアに投資するのか。

アメリカのようにマーケットが非常に整備されている国では、よほどの技術があるか運が良くなければ普通のリターンしか得られません。提供される情報のレベルや量に大きな差が生じることはあまりなく、多くの投資家がほぼ同じ情報を受けながら投資をしているので、同じ市場で他の投資家が三％のリターンなのに、自分だけが三〇％のリターンを得られるということはまず起こらない。あっても、数％の差でしかないでしょう。

しかし、発展途上国では、まだ完全でないものがたくさんあります。言ってみれば、構造的に問題のある部分がたくさんあるのです。そのような国へ投資をすれば、二〇％、三〇％のリターンがとれる可能性が開けるのです。うまくコネを持っていれば、安く資産を仕入れることができるかもしれないし、マーケットに不備があれば、そこをついて安いところで買って、高いところで売るということもできます。実際に、当時の欧米の投資銀行は、自分たちがいかにこれらの国々の権力の中枢に近いかを、自国の投資家たちに豪語していたのです。

今でこそ、欧米のマスコミでインドネシアのスハルト元大統領はたたかれっぱなしですが、アジア投資ブームがたけなわだった頃、欧米投資銀行の多くは、自分たちこそスハルトに最も近いコネを持っていると自慢していたのです。

あるいは、鉄道のないところに鉄道を敷くということになれば、ものすごく高いリターンが得られるかもしれない。先進国のすでに鉄道が敷かれているところに新線を作るより、はるかに高いリターンが期待できるのは、誰にもわかることでしょう。そういう平均以上のリターンがとれる可能性があるから、発展途上国へ投資するわけです。

つまり構造問題があるからこそ、投資に旨みが出るのであって、構造問題が何もない国では、逆に言えば旨みは少ないのです。

どんなに完璧な商品でも、値段が高すぎれば誰も買わないが、「××に難あり」と表示されている商品でも、充分安ければ必ず買い手が現れます。発展途上国への投資も同じで、構造問題が絶対的な問題ということはあり得ません。海外の投資家から見た最大のポイントは、構造問題があっても、それに見合う価格、この場合、為替レートがついているかどうかを見極めることなのです。構造問題があってチャンスもあるが、それに見合うだけの為替レートでなければ、投資をするわけにはいかない。

そういう意味から、アジア通貨危機が、アジア経済の構造問題によって引き起こされたということはあり得ないのです。アジア通貨危機は、円安と、アジア経済に関する勉強を充分やらなかったどん欲で怠慢だった投資家たちによって引き起こされたのです。

アジア通貨危機で喜んだ人たち

欧米の投資銀行が、自分たちの怠慢を隠すべく、盛んにアジア各国の構造改革をさけぶのはある意味で「理解」できますが、それよりも恐ろしかったのは、欧米の学会・評論家連中の動きでした。つまりアメリカの学界などでは、このアジア通貨危機を喜んだ者が大勢いたのです。

アメリカは、アングロサクソン的な合理主義、つまり自由主義市場経済に根ざしています。それに対して、短期的には必ずしも自由主義市場経済に則らず、政府主導の部分も残しながら経済運営を行ってきた日本を含むアジアの国々が、世界経済の中で成功するということは、彼らのアングロサクソン的合理主義に対するアンチテーゼでもあったのです。彼らは、きわめて合理的思考の元に意思決定を行いますが、彼等の基準ではとても合理的とは言えないアジアの国々の経済運営が成功を収めるということに、いい感情を抱いていなかったのです。

そういう人たちから見れば、日本がバブル崩壊によって潰れ、今度はアジアが金融危機に見舞われたということになると、「そら見たことか。やはりアングロサクソン的な合理主義のほうが正しかったではないか。自業自得だ」と溜飲を下げることになりました。

当時、ワシントンやニューヨークに出かけてみると、大半の人たちがそういう雰囲気に染まっていました。この時期、アメリカ経済が非常に元気になっていたのに対比して、日本やアジアがガタガタになったものだから、ますますそういう雰囲気が強くなり、そのような声が、アジア各国に対して非情なほどの「構造改革」を迫る背景となったのです。

そこで米国政府やＩＭＦが堂々とアジアに警告したのは、これらの構造改革が達成されない限り、アジア経済が回復することはあり得ないということでした。

二、円高と自国通貨安で生き返ったアジア経済

アジアの奇跡を推進したエンジンが再び

「構造改革か死か」と宣告されたアジア経済ですが、その後のアジア経済の回復は、アメリカ政府やＩＭＦが想定したものより、はるかに早いものになりました。アメリカのサマーズ財務長官の日本経済に関する予測は、日本政府のそれよりもはるかに正確でしたが、彼のアジア経済に関する予測は、ものの見事に外れてしまったのです。

それは、危機の本当の原因であった通貨の過剰評価が、その後見事に解消された結果、アジア各国は大変な国際競争力を身につけてしまったからでした。

図1を見るとわかるように、通貨危機以降のアジア通貨はだいたい円のすぐ下あたりにつけて、円を超えないように推移しています。一度危機に遭ったアジア各国の中央銀行は、自分たちの通貨が円を超えてはいけないことを学んだのです。

私は一九九九年に、タイの中央銀行や韓国の中央銀行の方々と話をする機会がありましたが、円ドル・レートとアジア経済との関係について説明すると、「我々も円との関係を大切にしな

ければならないということに気がつきました」という答えが返ってきました。円に対して国際競争力を維持することの大切さに、各国の金融当局が気づいて、アジア通貨は円のすぐ下の水準に位置するようになったのです。

いまアジア通貨は円に対して、一九九五年四月時点より、更に有利な状況になっています。つまり、アジア各国は、日本企業にとって再び魅力的な生産拠点になっているということです。新聞を注意深く読んでいた方ならお気づきだと思いますが、一九九九年ごろから、日本企業は大挙してアジアに戻っています。「現地工場の稼働率を上げよう」「アジアの企業との提携を深めよう」「DVDなどの新製品をアジアで作ろう」という動きが毎日のように報道されたのです。これらは全て今の為替レートが可能にしたのです。だからこそアジアは、アメリカやIMFがびっくりするほどのスピードで、回復したのです。

アジア各国にはまだ構造的問題が残っています。銀行システムにも問題がある。会計制度にも問題があるかもしれない。しかし、現在の為替レートで見れば、アジア各国は大変な競争力を持っているため、海外の企業にとって、アジアで生産を再開する方が有利であり、実際、多くの日本企業が再びアジアの生産拠点を活用するようになったのです。

そうしたことを考えると、アジア経済の回復は本物であると言えましょう。大幅な円安が進まず、なおかつ円とアジア通貨の関係が、今の状態を維持することが前提となりますが、この前提さえ守られれば、日本企業にとってアジアは再び生産拠点としてきわめて魅力的な存在となり、生産活動がアジアにシフトしていく動きは続いていくでしょう。一九八五年のプラザ合意から九五年までの、「アジアの奇跡」を推進したエンジンが再び戻ってきたのです。

構造改革は必要だが、最大のネックではない

もちろん、本物の回復とはいっても、アジア経済は一度バブルになり、それが破綻してしまいました。その結果、国内の資産価値は大幅に下がり、韓国の銀行も、タイやマレーシアの銀行も大きな不良債権を抱えています。同様に多くの企業や個人も、九七年までにお金を借りて投資した物件が値下がりし、借金だけが残る債務超過のような状態に置かれています。

アジアにもバブルが崩壊した日本と同様、企業や金融機関を中心に壊れたバランスシートが何百万も何千万も存在するのです。それらを修復していくには、人々は消費や投資を抑えて、そこで余ったお金で借金を返していくということになるので、内需の回復は遅れるでしょう。アジアも過去八年間日本が経験してきたようなバランスシート不況に陥っているのです。

しかし、内需は強くなくても、為替レートを国際競争力のある水準で安定させたおかげで、大きな外需が生まれています。アジアの国々は当面、そうした外需で回復に向かうでしょうし、実際その方向に進んでいます。

確かに構造問題は重要な懸案ではあります。同じ海外の投資を引き込む場合、構造問題がある国とない国とを比べれば、他の条件が同じなら、構造問題のある国はない国より為替レートを安く設定しなければなりません。安く設定するということは、それだけ交易条件が不利になることになり、同じ外貨一ドルを稼ぎ出すのに、例えば構造問題のない国は一時間の労働ですむところを、構造問題を抱えている国は二時間働かなければいけないことになるかも知れません。

また、現時点でのアジア各国の最大の競争相手は中国です。ほぼ無限の市場と、良質で安価な労働力を提供できる中国は、日本に限らず、世界中の企業の注目の的です。日本企業がアジアに生産拠点を移した八〇年代後半から九〇年代前半までの一〇年間、中国はほとんど彼等の視野のなかに入っていませんでした。当時の中国は開放路線とは言え、外国の企業にとって余りにも不確定要素が多過ぎたのです。ところが、ここ数年、中国はインフラ面でも投資環境という面でも大きな進展をとげ、今や日本を含む外国の企業が生産拠点を移すことを考えるときの圧倒的な第一候補先となっています。

この中国との競争にアジアの国々が生き残るには、彼等は、現在の中国にないものを供給できなければなりません。例えば、今の中国には、しっかりした法体系や裁判所がないが、アジア各国はもう少しの努力でこれらを立派に整備することができます。従ってアジアとしてはこれらのことを早急に強化することが、中国に対しての競争力を維持することになるのです。

こうしたことがあるので、アジアの国々が、自ら構造改革を進めて、投資家の懸念材料になる要素を消していくのは当然の行動と言えましょう。それはアジア諸国に限った話ではなく、日本にも同様のことが言えます。日本の会計制度もまだまだ不十分なところがあるから、これらを早く国際会計基準に合わせるなどの改善をしていけば、それだけ海外の投資家は安心して日本に投資しようということになるでしょう。すると、日本の株価や地価が上がるということにもつながっていきます。

ただし、アメリカを中心に主張されているように、構造問題が絶対的なものだという認識は完全に的はずれです。彼等は一九九九～二〇〇〇年に、アジア経済が自分たちの予測に反して回復してしまったことに対し、「短期的なものだ」とか「これで安心して構造改革の手を緩めたら近い将来もっとひどい目にあう」といったことを盛んに言いましたが、彼等の経済予測が外れたのは、彼等の基本的な分析が間違っていたからなのです。

アジアの一員である日本は、もっとこの事実を欧米に知らしめる必要があるでしょう。これは二度と同じ間違いが繰り返されないようにするためにも、G7などの場で是非とも日本に発言してもらいたい点です。もちろん、アジア各国の構造改革への努力は続けるべきですが、それがアジア経済の最大の問題だったのではなく、もっと重要なのが為替レートだったのです。

日本より回復の条件が良いアジア

日本もアジアと同じように、バブルが破裂して経済がバランスシート不況に突入したわけですが、ある意味でアジアは日本より幸運でした。というのは、日本の場合は、経済が低迷を続けてきたこの一〇年間も、ずっと世界最大の貿易黒字国でした。世界最大の貿易黒字国が、バランスシートの問題で国内の消費や投資が弱いから、輸出で景気回復を目指そうと思っても、アメリカを含む世界の国々がそれを許すはずがない。もし日本が外需主導による景気回復策を打ち出せば、ますます貿易不均衡は拡大し、その結果、為替レートは大幅な円高になってしまうでしょう。そうなると、日本の輸出産業は潰滅状態になるので、日本には外需に頼るという選択肢がないのです。従って日本は内需不足の穴埋めは、財政で行うしかないのです。

一方アジアの国々は、貿易赤字国であったため、彼等が自国通貨を安くして輸出ドライブをかけても誰も文句を言えません。従って、彼等はバランスシート不況で発生した内需不足を外需で埋め合わせているのです。

その意味からも、日本よりアジアのほうが、景気回復の条件がいいと言えます。今の日本は足りない内需を財政支出で埋めているという点で、まだ自律的回復の道に入ったとは言いがたい。しかしアジアの場合は、通貨安と輸出の拡大という市場メカニズムを使って足りない内需の穴を埋めており、それは政府の財政支援を必要としないという意味で、自律的回復だと言う

図４　回復するアジア向け輸出

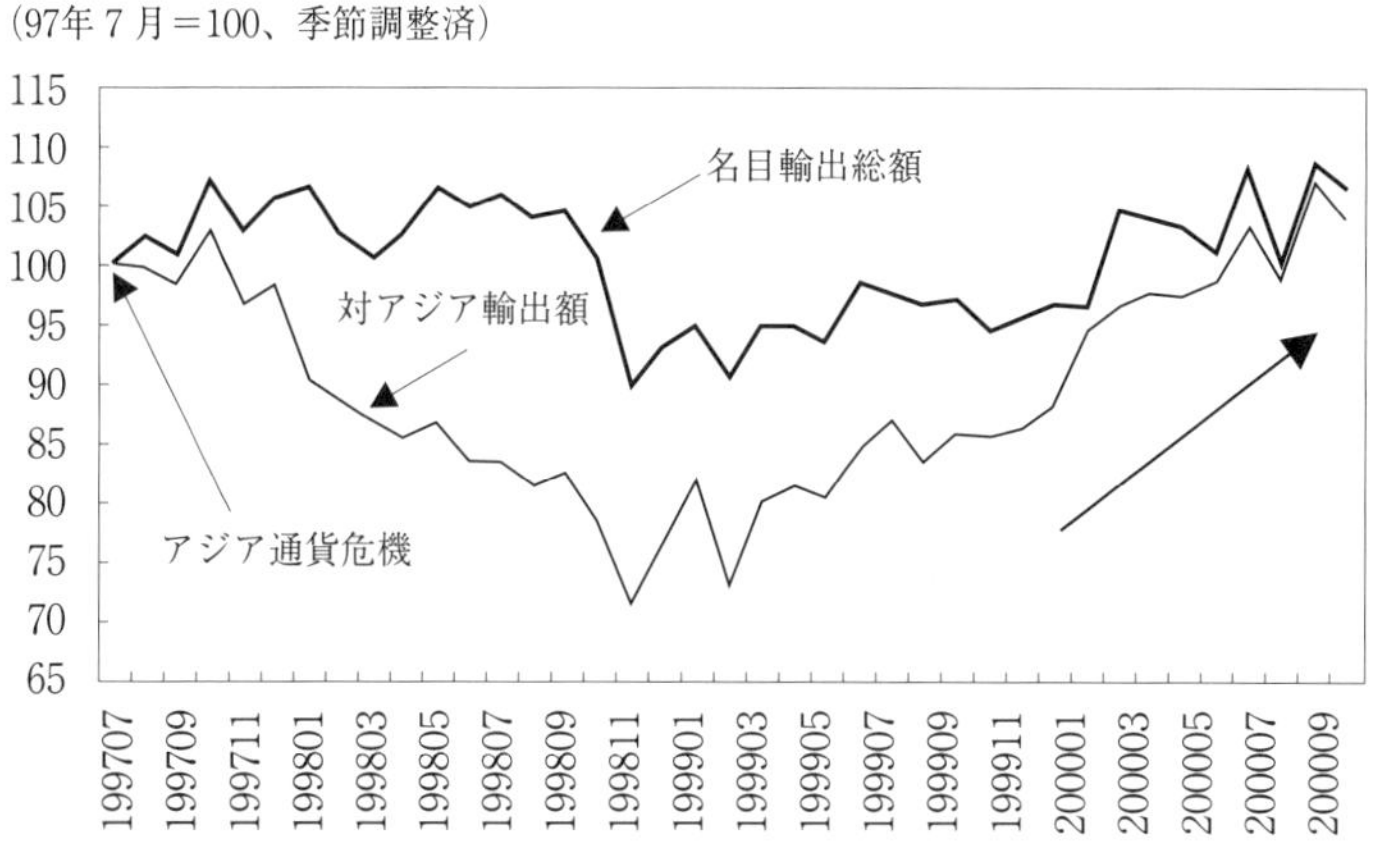

（資料）　野村総合研究所

ことができるのです。

しかもアジアの回復は、日本にとっても大きなプラスとなります。アジアが回復に向かった一九九九年から、日本の対アジア輸出は**図４**にあるように、年率二〇％以上のスピードで伸びましたが、それは、アジア経済が元気になり、再び工場が動き出したことによって、日本からの部品が必要になってきているからです。また、アジアの人たちがお金持ちになれば、また日本のものを買いたいと思うでしょう。その結果、この間為替レートは円高であったにも関わらず、日本の対アジア輸出が急速に伸びるという面白い現象が起き、それは日本の景気にも大きなプラスとなったのです。

市場はいつも正しいか

アジア通貨危機のような惨事を未然に防ぐには、アジアの構造改革を議論するより、宿題をやってこない投資家が大挙して押し寄せたときに、どう対処するかを議論する方が、はるかに有益であると思われます。

いまの経済学には、市場は絶対に間違えないという市場至上主義の理論がはびこっており、「マーケットは常に正しい選択をする」などと主張するエコノミストもいます。ある意味でマーケットは常に正しいと言えますが、それは投資家がきちんと宿題をこなして、自分が投資する先のことを学習していることが前提となっています。つまり、投資先の状況を十分把握し、そのうえで投資判断をしているのなら、マーケットは常に正しいと言えますが、残念ながら実態は必ずしもそうではない。

私は、ニューヨーク連銀で為替デスクに配属された時、上司にこう言われたことがあります。「君は大学院で経済学を専攻してきたと聞いている。経済学では『マーケットはいつも正しい』と言われているが、経済の現場では違う。投資家の中で、本当に自分の座標軸を持って投資をしている人は、全体のわずか一五%程度だよ。残りの八五%は羊だ」

羊というのは、集団についていく存在という意味です。つまり、市場の動きがある方向に流れ出すと、そちらの方向に流される人たちで、「これからはアジアだ」と言われれば、よく考えもせずにアジアに投資してしまう人たちのことです。

この八五％の投資家が、時として暴走してしまうのです。彼らが暴走したときにバブルやパニックが発生する。自分の座標軸を持って、きちんと考えて投資をしている人たちは簡単に追随しないので、危機が発生してもパニックに陥ることはないが、付和雷同型の投資家は、大勢がバスに乗ると「乗り遅れるな」とあわてて乗り込み、人がバスから逃げ出そうとすると自分も真っ先に逃げ出そうとします。彼らは宿題もやっていないし、場合によってはリスクヘッジもしていない。最悪の場合、自分が何に投資をしているのかさえも十分に理解していない。こういうタイプの投資家がパニックを引き起こすのです。

しかし、パニックを起こされたほうは大変です。インドネシアのように、国全体が大混乱に陥ってしまうこともあります。

こうした危険性を考えると、私は資本流入規制という制度を、ある程度考えていかなければならないのではないかと思います。

このような話をすると、市場至上主義者の人達から「マーケットに身を置きながら何を考えているんだ。国際的な資本移動を自由化するのは当たり前ではないか」と言われます。それが現在の経済学の主流的な考え方になっているのですが、実際に投資家たちと意見交換をしていると、私には全員がきちんと宿題をやっているとは到底思えず、心配になるのです。

私の本業は、日本経済さらにはアジア経済の状況を、欧米を中心に海外の投資家に説明することですが、九五、六年当時、私は投資家たちにアジアのリスクについて注意を喚起しようとしたら、前述のように「そんなに悲観的な見方をするのは日本の野村證券にいるからだ。アジアへ行ってみろ。最高だぞ」と一蹴されたのです。彼らは欲望に完全に目がくらんでしまい、こちらがいくら警告を発しても、まったく聞く耳を持たなかったのです。

そういう投資家が、アジアの小さな国に入ってきてどんどん投資を行えば、当然その国ではバブルが発生します。ところがバブルが発生してから、それらの投資家が、ある日突然自分たちの間違いに気付いて「いままで投資した資金を今すぐ返せ」と迫ったら、その国の経済は壊滅的打撃を受けてしまう。社会的にも政治的にも、大変なダメージが発生します。実際、それがアジアで起こったのですから、やはりなんらかの形で、このような不勉強な投資家が、一国の経済を引っかき回してしまう危険性を下げる必要があると思われます。つまり、なんらかの資本流入規制を考えるべきだということです。

投資家に宿題をさせるには資本流入規制が必要

ではそれは、どのような形の資本流入規制であるべきか。それは、投資家にきちんと宿題を強いるような資本流入規制であるべきでしょう。

以前、南米のチリでは、そのような形の資本流入規制を行っていました。それは、彼等が一九八〇年代の前半に、アジア危機と同様の体験をした教訓に基づくものでした。当時は、米国の銀行を中心に日本を含めて世界中の大手銀行が、中南米の国々に大量の融資を行い、それはまさに中南米ブームといえるほどすさまじい勢いでした。当時、米国のシティバンクには、ワルター・リストンという有名な会長がおり、彼が「企業は潰れるリスクがあるが、国はそのようなリスクはない。従って、国を相手に融資することは、リスクを伴わない良い融資だ。」とぶち、その考え方に世界中の銀行が乗ってしまったのです。

ところが、一九八二年の第一次メキシコ債務危機をきっかけに、自分たちの判断が間違っていたと気付いたこれらの銀行は、先を競って中南米から逃げ出したのです。そのために、チリもアルゼンチンもブラジルも、一〇年間にわたる大変な不況を経験することになりました。そのときチリが学んだ大事な教訓が、当時のチリ中央銀行総裁の言葉をかりれば、「欧米の一流銀行がどんなに有利な利率で融資話を持ってきても、それをすべて受け入れるのは非常に危険だ」ということでした。そうした苦い経験があるからこそ、チリでは資本流入規制を設けていたのです。

どのような資本流出規制であったかと言いますと、チリへの投資は自由にできるが、短期で資金を引き上げようとすると高い税金がかかるというものです。たとえば、投資をしてから三カ月以内にそれを引き上げようとすると高い税率となるが、一年、二年とおいておけば税金はどんどん安くなり、ある期間を経過すると全額回収しても税金は一切かからないという制度です。これはきわめて正しいやり方だと言えます。

すぐに逃げ出すと、税金で半分没収されるとなれば、投資家も考えざるをえない。よほど儲かるという確証がなければ、投資しないでしょう。儲かるか儲からないかという判断はどこからくるかといえば、チリの経済状況はどうなのか、会計制度はどうなっているのか、法制度は機能し、問題が起きたときには裁判所や弁護士がどこまで面倒をみてくれるのか、現地の労働組合はどのような活動をしているのか、といった宿題をきちんとこなすしかないのです。

そうして宿題をこなしたうえで、投資に見合うと判断すれば入ってくるだろうし、見合わないと判断すれば入ってくることを取りやめるでしょう。入ってきた投資家は、あらかじめ宿題をこなし状況を冷静に把握していますので、少しぐらいトラブルが生じてもパニックを起こさず、的確な対応をとれる可能性が高い。

そういう意味で、チリが導入した資本流入規制は、これからの資本流入規制のあり方を考える上で十分参考になるでしょう。チリのやり方は、海外からの投資を拒むのではなく、きちんと宿題をこなした投資家だけに来てもらいたいという意思表示なのです。

こうした資本流入規制に対しては、マーケット至上主義のアメリカの学者などから強い反発が吹き出しています。何度も述べたように、投資家が本当に宿題をこなしているならば、彼らの主張は正しいでしょう。しかし、実態はそうではなく、宿題をやっていない投資家が大勢います。そういう人々に一国の経済を引っかき回されたら困ると思うなら、入学試験のようにハードルを設けて、それをクリアした者でなければ入れないという仕組みを作るのは、決して間違ってはいないのです。

短期・長期を分けることは難しい

また、資本の流入を短期流入、長期流入とに分けて、長期流入はいいが短期流入は規制すべきだと主張する人もいます。しかし、これは言うのは簡単ですが、短期流入だけを規制するのは非常に難しい。というのは、アジアへの投資でもそうでしたが、はじめから投資資金が長期の投資、短期の投資と色分けされているわけではないからです。

アジアへ向かった欧米の投資家も、アジアが「二一世紀の成長センター」という触れ込みで投資したわけですから、当初は二一世紀までの長期投資のつもりでした。ところが、九七年七月に通貨危機が起こり、それで慌てて逃げ出してしまったので、結果的に短期投資になってしまったのです。だから、はじめに長期、短期と選別して規制をかけることは困難なのです。

それなら、チリの資本流入規制のように、短期での回収には税金を高くかけ、長期になればなるほど税率が下がっていくというやり方のほうが、ずっとスマートです。そうした仕組みがあるとわかれば、投資家は事前に宿題をこなして、その国の経済や市場をよく勉強するようになるからです。

三、経済学が言及していなかった国際資本移動の自由化

ところで、内外の多くの論者はアジア通貨危機に関して、資本移動の自由化が、一国の経済にとって良いことは自明の理であり、あえて説明する必要すらないというスタンスをとっていますが、資本移動の自由化が、一国の経済にどのような局面でプラスとなるかどうかは、じつは経済学の中でもまだ充分立証されていないのです。というのも、これまでの経済学の中で言われていたオープン・エコノミー（開放経済）というのは、「財」の部分だけで、金融の部分は全く含まれていませんでした。

自動車のマーケットや農産物のマーケットがオープンであるとき、どういう交易条件で、どういう税金をかけると、どんなことが起きるかということについては、過去何十年にもわたって緻密に研究が続けられてきました。しかし、資本市場も開放してしまったときの研究や実証分析はまだほとんど行われていないのです。というのも、ごく最近まで、先進国の資本市場で

さえ、完全に開放されていたものはほとんどなかったのです。

アメリカで国際資本移動の自由化が始まったのも、一九八〇年代に入ってからのことです。それまでアメリカでは、内外資金の出入りを規制するヨーロ・ドル準備規制だとか、国内金利を規制するレギュレーションQ、そして国内の銀行が外貨預金を設定することを抑制したバンク・オブ・アメリカ・レターなどさまざまな規制があり、金融資本は簡単に出入りできなかったのです。

日本でも同様で、一九八〇年一二月まで、自由な資本移動は原則として禁止されていました。八〇年の一二月の外為法改正から徐々に規制緩和が進み、一九九七年のビッグバンをへて現在ではほぼ完全に自由になったのです。

ということは、少なくとも八〇年代の前半までに経済学を学んだ人たちは、それまでに資本移動が自由化された経済を勉強したことも、体験したこともないということになります。そのような人たちが、いま各国政府の中で政策を決定しているわけですが、彼らが学んできた経済学には、現在の状況を説明する力はないのです。

このことを見事に指摘したのが、シンガポールのリー・クァンユウ元首相でした。彼はアジア通貨危機が発生した直後から、欧米の論調が前述のように「銀行行政の強化が必要だ」「会計制度の透明性が不十分だ」「倒産法が不備だ」と、構造問題を騒ぎ出したことに対して、「そのような制度が全部整っていなければ、資本移動の自由化をしてはいけないということを、事前に指摘してくれた人は一人もいなかった」と反論したのです。この反論はその通りであって、今、偉そうにアジアに説教している欧米の「専門家」も、実は危機が発生するまで、これらの必要性に全く気づいていなかったのです。そして彼等が気づかなかった原因は、彼等が勉強した経済学の中に、資本移動の自由化が入っておらず、実際に自由化したら何が起きるか、彼等自身も全く知らなかったことにありました。

ＩＭＦやクリントン政権時代の米国政府ははさかんに「資本市場を自由化しなければいけない」と言っていましたが、いったい何を根拠にそう主張するのか。どういう実証分析から、それが好ましい結果をもたらすと言えるのか。じつは、根拠はほとんどないのです。強いて言えば、今ある資本市場自由化論は、財の部分を自由化したから、その延長線上で資本も自由化しなければならないという程度の議論なのです。

資本移動の自由化をした国のほうが、していない国に比べて、経済成長率が高かった。だから資本移動の自由化が必要なのだという議論なら理解できますが、いまのところそのようなデータはありません。ないどころか、アジア通貨危機でも大きな混乱に巻き込まれなかった台湾と中国は、資本移動に対し多くの規制を設けており、この二国はその後も経済成長を続けています。

特にこの間、台湾では大きなバブルも発生せず、極めて安定的な経済発展が見られたという実績は、何が何でも資本市場を自由化しなければならないという論調に対する重要なアンチテーゼとなります。

私はもちろん、資本移動の自由化に反対しているわけではありませんが、これは研究と実証分析に基づいて議論されるべき事柄であると思うのです。つまり、どのような条件が整った時に自由化はプラスをもたらし、どのような局面ではマイナスをもたらしかねないという分析が不足しているのが現状であって、自由化することはすべていいことだと言わんばかりの現在の雰囲気は、非常に危険なことだと思われるのです。

国際資本移動で救われた日本

ただし、資本移動の自由化によって、大変大きな恩恵を受けた国が一つあります。それは他ならぬ日本です。

日本は九〇年代に入って、全国的に資産価格が暴落した結果、深刻なバランスシート不況に陥り、非常に苦しい経済運営を強いられたわけですが、この一〇年間、日本の株式市場をずっと支えてくれたのは、アメリカを中心とした外国の投資家でした。この一〇年間の日本の株式市場の需給を見てみますと、図5にあるように、日本の個人投資家や事業法人は、毎年売り越

図5　依然として外国人投資家主導の日本の株式市場

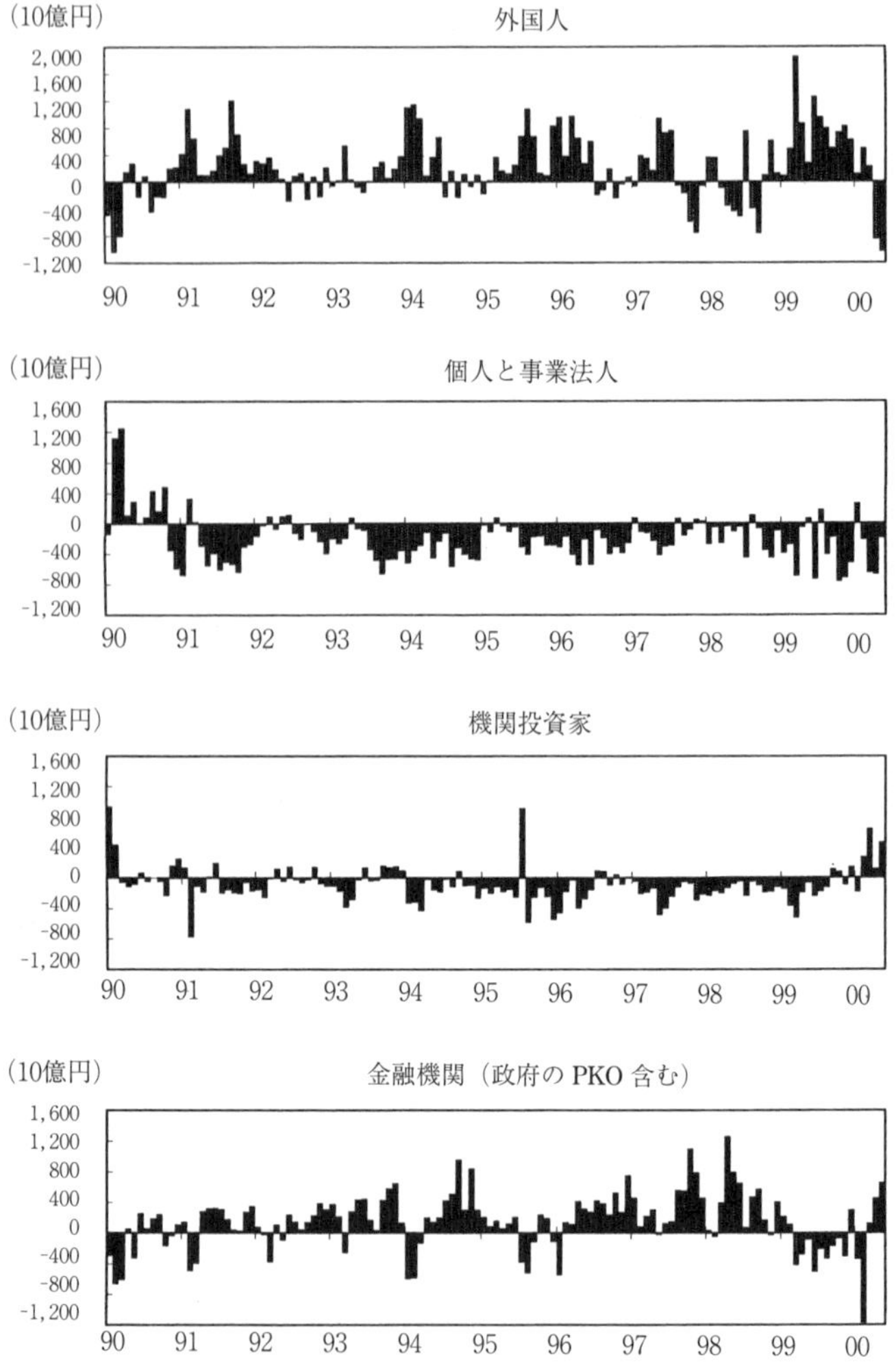

出所：東京証券取引所

し、つまり買うより売りが多かった。また機関投資家、生命保険、信託銀行なども、ほとんど毎月のように売り越しでした。それに対して、アメリカの年金やヘッジファンドなどの外国人投資家は、買い越しとなっていたのです（一番下の「金融機関」は買い起こしているように見えますが、この間、自ら株式保有を増やした民間金融機関はほとんどなく、この大半は政府のＰＫＯと言われています）。

もし、こうした外国の投資家からの資本流入がなかったら、今頃日本の株価はどうなっていたでしょうか。恐らくそれは、ゴルフ会員権や商業用不動産など外国人投資家が入ってこなかった他の市場と同様、ピークの八分の一から一〇分の一になっていたかも知れないのです。

日本では企業が株の持ち合いをやっており、その持ち合い株は多くの企業にとって財務の重要な一部になっています。また日本の銀行の自己資本にも、持ち合い株の含み益が重要な割合いを占めていました。そのような状況で株価がピークの八分の一とか一〇分の一という状況になったら、事業会社も銀行もかい滅的打撃を受けていたでしょう。それはまさしく、大恐慌シナリオです。そうなるのを防いでくれたのが、外国投資家の日本株買いだったのです。

バブルがはじけて、株に投資していた日本の投資家はみな株式市場から逃げ出してしまいましたが、外国の投資家は「日本にはまだ元気な企業がいるに違いない、技術を持っているところがあるはずだ」と考え、日本企業の株式を買ってくれました。それが日本の株価を支え、日本経済全体を救ったのでした。だから、国際資本移動の自由化で最大の恩恵を受けたのは、九〇年代の日本なのです。

アジア通貨危機の教訓

しかし、アジアについて言えば、そうした外国の投資家が、アジアの奇跡に目がくらみ、宿題をやらずに資金を持ち込んできたばかりに、彼等はアジアでバブルと、その後のパニックの両方を発生させてしまったのです。それによって、アジアの人々は、大変な迷惑をこうむることになってしまったのです。

しかも、その原因の大半が貸し手責任、つまり、自分たちが借り手のことを充分に調べずにカネを貸してしまったことにあるにもかかわらず、彼等はその責任の全てをアジアの構造問題にあるとして、自分たちの不勉強を隠そうとしたのです。

そして、その企ては、彼等が欧米のマスコミを牛耳っていることもあって、これまで九九・九％成功してきました。その結果、今でも欧米で開かれるアジア通貨危機に関するフォーラムは、全て「アジアの構造改革は進展しているか」というタイトルで行われているのです。

もちろん、欧米とて一枚岩ではなく、元世銀のチーフ・エコノミストを務め二〇〇一年のノーベル賞を受賞したジョーセフ・スティーグリッツ氏のように、借り手責任だけでなく、貸し手責任にまで言及しようとした人もいました。しかし彼は、「アジアの構造改革」こそ先決とするクリントン政権の逆鱗に触れ、世銀のチーフ・エコノミストを解任されてしまったのです。

情報発信源を欧米に牛耳られたアジアが、再び今回のような悲劇に巻き込まれないようにするには、自分たちで自分たちの国、経済を守るしかありません。

「いくら海外の一流金融機関が、魅力的な金利でお金を貸してくれると言ってきても、彼等が我々のことを充分勉強していないようであれば、彼等のカネは一銭たりとも受け入れてはいけない」

それがアジア各国にとって、今回の通貨危機の最大の教訓だと言えるでしょう。

日本の東南アジア外交

河野雅治

一、はじめに

きょう頂いた題は、「日本の東南アジア外交」ということでございますが、今、司会者からお話がありましたように、私は外務省で二十数年勤務し、アジア外交とアメリカ外交を主にやってまいりました。アジア、特に東南アジアと私の関わりは、八〇年代の前半から半ば、そして例のカンボジアの和平が起こっていた八九年の終わりから九〇年代の初期です。そして昨年（一九九九年）から改めてアジア局でアジアの外交の仕事をさせていただいておりますが、私の実感として言えることは、この三つの節目を見ても、東南アジアが一〇年単位で日本に確実に接近してきたということです。それも比較的大胆に接近してきていると思います。

八〇年代の前半というのは、やはり日本からみれば、東南アジアと言えば、原加盟国のASEAN、いわばインドネシアを中心とした海洋東南アジアでした。インドネシアを中心とした東南アジアは、当時の日本からは、物理的にも心理的にも遠い存在だったと思います。ところが冷戦が終わり、カンボジアの和平がなったあとのインドシナ半島を全部含めた広い地域としての東南アジアは物理的にも日本に相当接近した、日本から近接した重要な地域となりつつあります。

二、東南アジア――「冷戦後」の潮流

きょう、私が話したいことの結論を先に申し上げるなら、冷戦後という一〇年間に、日本と東南アジアがお互いに接近し合った結果、もはや、東南アジアという概念はしばらくしたら消え去るかもしれない、「東南アジア」ではなくて「東アジア」という概念であの地域を、その中の重要な一角と見なければいけない時代が早晩来るのではないかということです。私の実体験からは、そのような予感が致します。

さらにその結論を導く過程で、お伝えしたいと思っていることは次の三点です。それはまず第一に、与件として冷戦後の一〇年間の東南アジアが過去に例もないほどダイナミックな変化を遂げたということです。それは大変自信にあふれ、自信過剰とも言えるほどの九〇年代前半期から、九〇年代後半のアジアの金融危機を経てあの大きな自信が喪失されていった時期、そして、それをどうやって回復するかの過渡期にある現在、こういった東南アジアの非常に揺れた十年間が東南アジアを見る第一の与件としてあると思います。

それから、第二の与件としては、中国の要素です。九〇年代の東南アジアを見渡してみますと、やはり中国の東南アジアの関わり合いというのが急速に増大した時期だったと思います。

そして三つ目の与件は日本外交です。それまでいわば外から遠慮気味に、経済協力とか間接的な手法によって東南アジアと一定の関係を結んできた。その日本が、九〇年代に入り、政治、経済を含め総合的に東南アジアに深入りしていった時代が始まります。この三つ目の与件は、我々が能動的につくり上げていったものでした。

そしてその結果として、日本の東南アジア外交というものがその地域に止まらず、東アジアというより広いサブ・リージョンで組み立てられる状況が出てきました。また東南アジアから見ても、自分たちの将来というのは、東アジアの中の東南アジアというふうに位置づけるようになってきた。こういうふうに思うわけです。

実例を挙げても、二〇〇〇年の節目にある今年には、七月の後半には一連の東南アジアの行事があります。ARF（ASEAN地域フォーラム）外相会合とか、ASEAN拡大外相会合等が九州・沖縄サミット直後に、バンコクで開かれます。そしてもう一つ重要なイベントとして、ASEAN＋3外相会合が開かれます。ASEAN＋3という枠組みは、振り返ってみますと、二年前にASEANが日本、中国、韓国の三首脳を招いてASEAN＋3の首脳会合を定期的に会合しようと提唱したことで始まったわけですが、これがその後定着し、更に分化していって、ASEAN＋3大蔵大臣会合とか、いろいろなフォーラムができ、そして今年の七月には初めてASEAN＋3外相会合が開かれる運びとなった訳です。これなどは日本から見ても、東南アジアから見ても、「東アジア」という地域の概念が視野に入ってきていることを暗示しています。

それから、一九九四年に発足した、地域の信頼醸成のためのフォーラムであるARFが、その後拡大深化していって、最近では南沙諸島問題やインド亜大陸の現状についても躊躇なく議論するようになりました。また、北朝鮮（朝鮮民主主義人民共和国）の話もするようになりました。こうやってARFが順調に成長し、今年はとうとう北朝鮮の白南淳外相をARFに招待することにまで相成りました。そういった形で、目に見える形でARFでも東南アジアと北東アジアが結びついていく。そういう時代に入ってきつつあるのです。

三、予見し難い「冷戦後」の外交——朝鮮半島の例

このように整理して見ましたが、現実の外交というものは、実際には試行錯誤と偶発的な出来事の連続なのです。現場では予め想像できなかったいろいろなことが起こるので、理路整然としたきれいな説明ができにくい。我々実務家はセオリーに則って演繹的に外交を進めていくという立場にはありませんし、そのように意図してもうまくいかない色々な障害が出てきます。

特に読みにくいと言えば、それは冷戦が終わったこの一〇年間、「冷戦後」という一つの区切りです。一九九〇年代、これほど読みにくい時代はなかった。これほどまでに世界が変化し、アジアが変動した時代は前例が無いほどでした。

(1) 南北首脳会談

二〇〇〇年六月、朝鮮半島では、歴史的な南北の首脳会談が実現しました。皆さんもテレビ等でご覧になられたでしょう。私も両首脳の一挙手一投足に注目しましたし、その後韓国から訪日した大統領特使の話も詳細にうかがいました。メディアを通じていろいろな情報も入ってきて、徐々に全容が見え始めてきました。

南北首脳会談――国際政治学的に評価するなら、これは朝鮮半島で、一〇年遅れで冷戦が崩壊し始めたということだったと思います。金正日総書記と金大中大統領は二人だけで長時間話し合いました。そして在韓米軍の存在について議論の末、両者の間でその存在意義についてのある程度の共通認識をお互いが確認し合ったことなどは、とにかく目を開かれる話でした。また、五〇年にわたる民族分断の歴史は不正常であると両首脳が確認し合ったことで、五〇年後のこの時期に南北が和解に向け動き始めたことは、歴史の必然かもしれませんし運命かもしれません。しかし、こういったことは動きを目撃して初めて信じられるのです。合理的な予測が困難な一例でしょう。

余談ですが、一カ月ほど前に韓国に出張したときに、私も板門店に行きました。三八度線です。板門店に行きますと、当時ははるか北のほうから、誹謗中傷放送が流れていました。過去約五〇年間絶え間なく北は南に対して宣伝放送を続けてきました。しかし、それが今回の南北首脳会談の実現によって、これがピタっととまったのです。この例などは感覚的に捉えられる冷戦崩壊の一例でしょう。東西冷戦の崩壊ということは、象徴的には、ベルリンの壁が崩れることに見出す事ができます。国際政治の現場というのは目に見えるものが存在していて大変面白いわけです。

板門店では、境界線をはさんで両側に一本ずつ巨大な国旗掲揚塔があります。これも冷戦時代の産物で物悲しくも滑稽です。冷戦時代の厳しい対立の時代に何が起こるかというと、旗の大きさを巡って対抗意識が湧きあがる。実際には、韓国側は北朝鮮に対抗して、北朝鮮側は、南に負けないようにお互い競い合って高いポールを建てる。その結果、北側には南をしのぐ約一三〇メートルの高さのポールが建っています。これこそが北の誇る「強盛大国」の一つのシンボルなのでしょうか。しかし、そのポールは国旗掲揚塔なのですから、旗が翻らなければ意味がありません。悲しいかな、ポールに見合う旗のサイズがあまりにも大きくなってしまったため、風が吹いてもなびかなくなってしまいました。冷戦はそういう悲しくも滑稽なことを生み出すのですね。

さて、南北の首脳会談の結果、こういう滑稽なことはやめよう、同じ民族の住む土地ではベルリンの壁のようなものは取り払おうではないかということで、あるいは三八度線を流れる臨津江の堤防を協力して直そうとか、あるいは三八度線をはさんで数十キロ分断されたままになっている鉄道、京義線をつなごうとか、非武装地帯で蔓延し始めたコレラやマラリアの撲滅に一緒に取り組もうとか、南北協力の端緒が開かれました。これこそが目に見える信頼醸成ということです。対立していれば悪い方向にどんどんエスカレートしていく。逆にいったんその風向きが変われば、今度は緊張緩和に向けて知恵が出る。我々はこういった歴史の一断面を先月目の当たりにしたのですが、これが今後どういった展開をしていくのか、大変興味のあるところです。

(2) 予見しがたい外交の現場

南北の首脳会談がこの時期に起こるなどと、当事者以外に誰が予測したでしょうか。いつか起こるとは誰もが考えていたことですが、先月実現するなどとはとても予測しがたかったことです。私が申し上げたかったことは、外交の現場では日々大小様々な予測しがたいことが起こり、その状況にどうやって対応していくかという側面が常に存在するということなのです。

例えば、金日成主席の死去に伴う指導者の交代がなければ、こういうことが果たして起こったのだろうか？　金大中氏が二年半前に大統領に選ばれず、その結果彼の「太陽政策」が世に問われなかったら、果たしてこういうことが起こったのだろうか？　そう思わざるを得ないわけです。金日成主席の後を受けて、指導者の座に座った金正日総書記が、ここ数年の間に、自分の政治基盤を固めるのに成功していなければ、最近の歴史的な展開はなかったのではないか？　あるいは、北朝鮮で五年前水害が起こり、今年には四〇年来の干ばつの被害に見舞われるといった苦しい事情があったからこそ、それが引き金となって門戸開放策に出たのではないか？

こう考えると、北朝鮮が政策判断を下すに当たってもやはり自らの意思とは別次元の他律的な要因が作用していたのではないかと思うのです。ただ今申し上げた南北首脳会談実現に至る背景は「後知恵」とも言えましょう。要するに外交の現場では試行錯誤は避け難く、読み切れないことが多いということなのです。アジアの問題を考える際にも、変転するどうしても先が読めない場面があり、その中で、どうやって正しい外交を切り開いて行くかが課題なのです。

私は今年の四月五日に日朝の国交正常化の再開第一回交渉のために平壌に行きました。その数日後の四月一〇日に電撃的な南北首脳会談に関する南北同時発表が行われました。私が北朝鮮滞在中、このような動きは一切わかりませんでした。しかし振り返って見ると幾つかの徴候には接していたのです。例えば帰りの機中では、私の目の前に、非常に重要な北朝鮮の閣僚が乗っていました。実はこの人物こそが南北秘密接触の張本人だったのです。そして私どもと一緒に北京に着いて、彼は韓国側の責任者と最終的な合意をして、その直後に発表したのですから、教訓として言えることは外交現場には情報を得る材料が落ちているわけです。

本年五月二九日の、金正日総書記によるいわゆる秘密訪中もそうです。この訪中も行事終了後に公表され、「ああ金正日が北京に行っていたのか」と驚かされたわけですが、私も偶然同じ期間に北京に行っておりました。その時は野中自民党幹事長を団長とする与党三幹事長の一行に同行していたのですが、実に同じ期間、同じ場所に金正日総書記はいたのでした。中南海、釣魚台、人民大会堂、そういった要所を先方は移動している。こっちも同じ場所を動いている。

しかし出会いは全くなかった。ニアミスだったのです。後で振り返って見ると、そう言えば不思議なこともありました。しかし結局のところ、我々に気取られなかった中国当局の実力に敬意を表したいと思います。

いろいろ現場的なことを申し上げましたが、これが外交の一端です。現場を見て色々感じ、そこから帰納法的に考え、咀嚼して、どう対応するかが重要です。

（3） 変化の兆候か？

しかしこの南北の緊張緩和ということを、我々はよく見極めなければいけません。現実の脅威というものは何も変わっていないわけです。核の開発、ミサイルの製造ということは引続き続いているでしょうし、テポドンもさることながら、テポドンより射程距離の短いノドン・ミサイルは、既に百発程度実戦配備が完了していると言われているのですから、この脅威というものは何も変わっていないわけです。

それから、工作船が来る。あるいは拉致の疑惑があるといった、実質的な、日本が北朝鮮を見るに当たって脅威を感じる状況というのは何も変わっていないわけですから、この辺が果たして南北首脳会談を機にどういうふうに変化していくか。これは我々はよく見極めていかなければいけないと思います。

四、一九九〇年代の東南アジア

(1) 冷戦終了の余波

さて、本題の東南アジアの話に入りましょう。我々実務者から見ますと、冷戦終了後の一九九〇年代という時代は、長期的な視野で戦略を立てることが大変難しい、外的な変動要因が極めて多い時代だったと思います。

日本の外交だからそうなんでしょうと思われるかもしれません。例えば、大国アメリカであれば、アメリカは理念を持った外交をやるわけですから、理念に基づいて演繹的に発想すれば、こうあるべき、こうあるべきということで外交を進められるでしょう。しかしあのアメリカですら、冷戦が終わったこの一〇年間というものは、外交不在という批判を浴びせられました。事ほどさように「冷戦後」の一九九〇年代という時期は、外交の実践に当たって、各国がそれぞれ試行錯誤とならざるを得なかった。それほど流動的な時代だったと思います。そういった時期の東南アジア諸国の外交、東南アジア地域に対する日本の外交、これらも例外ではありませんでした。振り返ると余りにも変動要因が多かったと思います。

大きく言えば、東南アジアではそれまで域外から与えられていた枠組みが大きく崩れました。

それまで東南アジアには、冷戦構造下での大国間の力のバランスというものが存在していました。しかし、冷戦崩壊によりこの力の均衡が崩れるわけです。八〇年代の後半から、ソ連がカムラン湾の軍事基地から撤退するなどして、インドシナから自らの影響力を大幅に減じていきました。そして結局冷戦が終わってアメリカが「ひとり勝ち」の中、「パックス・アメリカーナ」と言われる時代が始まりました。しかし、そこでアメリカが自力で冷戦後のその力の空白を埋めたかというと、そこには空白のままで残った部分も相当あったわけです。いずれにせよ、大国間の大きな力の枠組みが変わったということが最大の与件としての変化でした。

二つ目には、そういった冷戦構造の変化の流れの延長で、インドシナではカンボジアの和平が実現しました。その辺のことは私の本（『和平工作』、岩波書店）の中で細かく書いてありますので、もし御興味がおありでしたら是非お読みいただきたいと思います。その結果、それまであったＡＳＥＡＮとインドシナ半島の社会主義ブロックとの間の対立の構図が解消しました。これは東南アジアでの大きな与件の変化でした。これをもって、東南アジアでは冷戦が終了しました。これは一〇年前の東南アジア諸国にとっては、大変に好ましい与件の変化と受け止められたと思います。そういった新しい環境の中で、それ以後の東南アジアの外交は大変積極的になりました。おりしも域内の経済も好調でした。しかしその後、一九九〇年後半に至るとタイを起点にアジア各国に広がった金融危機が訪れ、この危機からどう立ち直るかを模索しつつ最近にいたっているのですから、言ってみれば相当アップ・ダウンの激しい一〇年間でした。この流れはどのように整理して理解すべきなのでしょうか。

冷戦後の時代は日本政府としても外交戦略を立て難い環境下にありました。そういった予測や仮説を立てにくい東南アジアを巡る国際環境、その中での日本の外交は果たして何だったのでしょうか。一九七七年に「福田ドクトリン」と称される日本の東南アジア政策の指針が公表されました。当時、日本が恐らく第二次大戦後初の外交イニシアティブとして、インドシナを含む東南アジアを舞台に、「東南アジア全体が平和の中で繁栄して、日本と心と心が結び合うような関係をつくろうではないか」といったメッセージこそが「福田ドクトリン」のポイントでした。しかし、大変皮肉なことに、この「ドクトリン」を世に問うた翌年の七八年の一二月にはベトナムがカンボジアに侵攻する挙に出て、以後カンボジアの内戦が結局一三年続いてしまうのでした。「福田ドクトリン」は出した途端に「絵に描いた餅」と化したわけです。しかし、その後八〇年代を経て、カンボジア和平が実現し、とうとう「福田ドクトリン」の目標とした世界が完成するわけです。一つのストーリーが完成しました。

(2) 九〇年代前半――新秩序形成への取り組み

しからば、カンボジア和平がなり「福田ドクトリン」が完成した後の、九〇年代の日本の東南アジア外交は何だったのか。それが「なかなか明確に規定し難い」という疑問が出てくるわけです。しかし、そうは言っても「冷戦後」の一〇年間というのは大きな時間単位です。今振り返ってこの一〇年の日本の東南アジア外交は何だったのかということについて、お話をしたいと思います。

まず最初に、冷戦後の一〇年間の東南アジアというのは何だったのかについて日本の視点からお話ししましょう。

明らかに言えることは、東南アジアにとって冷戦後の環境は全て自分たちに有利に作用していました。したがってインドネシアを中心とした当時の六カ国で構成されていたＡＳＥＡＮは自信を強めました。もはや日本も必要としない。自分たちの力で更に発展を続ける道筋が立ってきたということで、東南アジアが明るい未来を強く感じたのが九〇年前半の一時期だったと思います。経済は絶好調です。アメリカでは一九九三年にクリントン政権が発足し、経済的関心を背景にアジア・太平洋地域に外交の重点をシフトしようという姿勢を示しました。その足がかりの一つとして、米国が重視したのがＡＰＥＣでした。九三年秋にシアトルで開催されたＡＰＥＣ閣僚会議にはクリントン大統領自ら参加して、「将来はアジア・太平洋にある」ことを強調しました。アジアの明るい未来を予感させる場面でした。これも東南アジアにとっては大変ありがたいことだったと思います。

インドシナでは八〇年代後半からソ連軍が撤退して、ソ連の影響力は急に退潮していき、以後戻ってくる気配もない。それどころではなく一九九一年末にはソ連自体が崩壊してしまいました。イデオロギーとしても、共産主義は東南アジア地域から後退していきました。それまで中国は陰に陽に、共産主義の影響力を維持しようと腐心してきていました。例えば、カンボジアのポル・ポト派（クメール・ルージュ）への物心両面の支援、マラヤ共産党とか、様々な共産分子に対する支援、こういったことは八〇年代を通して続けられてきたわけですが、冷戦の終焉でこれも立ち行かなくなっていきます。そして相前後して一九八九年、中国では天安門事件が起こるわけです。その結果国際社会から一時的に孤立した中国は、当面あまり強圧的な外交姿勢というのを東南アジアに示し難い状況が出現しました。

そういった状況で東南アジアの活動空間は相対的に広がったわけですが、更に付け加えるなら、統合の進むEUを軸とするヨーロッパが東南アジアに対する関心を示し始めたのもこの時期です。ECの統合というのが九二年を目途に実現しますが、それに相前後して、自分たちの経済活動の視野の中に東南アジアを置くようになりました。そういった関心は、若干の時間を経て、九六年にASEMという一つのフォーラムを作り上げることになります。歴史上初のアジアとヨーロッパの対話フォーラムの実現です。これはヨーロッパが東南アジアに示した関心に呼応するように、東南アジアが自信を深めてヨーロッパまで手を伸ばそうとの意欲を示したことにも依ります。ある意味で以心伝心と言えるでしょう。こういったことで、経済が好調で、そういった周辺環境がよくなったＡＳＥＡＮが大変自信を強めていったのが九〇年代前半期だと思います。

更に、東南アジアはこの勢いの中、タブーに挑戦しました。そのタブーとは、政治・安全保障分野への関与です。お互い安全保障問題については話題としない、互いの内政には干渉しない、それが伝統でした。東南アジアの国々にとり最大の脅威は隣国です。例えばシンガポールにとって最も気を使う相手はマレーシアとインドネシアなのです。タイにとって一番難渋させられる国はカンボジアでありミャンマーである訳です。隣近所をお互いが「脅威」に感じ合っている国の集合体がＡＳＥＡＮだったのですが、そのＡＳＥＡＮにも冷戦終了の余波は及び、ある種の自信がついてきた。そうなると信頼感が醸成されてきたといいますか、「安全保障の問題についてもそろそろお互いに話し合ってもいいのではないか」といった状況が生まれてきた。これも自信のあらわれの結果です。

そういうことが一九九四年に発足する「ＡＳＥＡＮ地域フォーラム」（ＡＲＦ）に結実しました。以来七年間、毎年ＡＲＦの場では安全保障の問題が政府のレベルで議論されてきています。議論の内容も、最初は一般的な話に終始していましたが、最近では、例えばインド、パキスタンが核実験を行えば、それについて議論をする、複数の国が領土主権を主張して譲ることの無い南沙諸島問題についても問題処理の方向について議論が始まる、更には朝鮮半島情勢まで地域的な視野を広げてきつつあります。そして最近では、そういった紛争が起こらないための予防外交についての議論が始まっています。こういった形でARFというのが拡大し深化するプロセスをたどってきた時代が九〇年代の一つの断面であった思います。

そういった中で、更にもう一つポジティブなエレメントを言えば、ASEANというのは、それまではカンボジア問題のために結束しましたが、それがなくなった後の新たな求心力としては、地域紛争のために後れをとっていた国々、例えば、ベトナム、カンボジア、ラオスがASEANのようになりたい、自分たちも同じように繁栄の道をたどりたいという自覚が高まりました。その結果ASEANという共同体のメンバーが広がる方向に進みました。ASEANを軸に周辺国が関わり合いを強める方向に作用したのです。振り返りますと、一〇年前、ベトナムの政治指導者たちは、「一〇年後にはベトナムはタイのようになる」との期待を述べました。ラオスは、「自分たちは社会主義国家だが、社会主義国家の実現は次の世代に任せたい」と公言しました。インドシナ三国の指導者はこぞって「自分たちは改革・開放政策を推進する」と宣言したのです。彼らのASEANに対する憧れが将来の希望そのものとなったわけです。そんな時代でした。これが「冷戦後」前期の時代だったと思います。

（3）　九〇年代後半――アジア対非アジアの構図

ここから先は冷戦後の時代の後期についてお話ししましょう。今まで申し上げた明るい話の多くが裏目に出ていくのが一九九〇年代の後半です。経済が絶好調だった東南アジア諸国が九〇年代後半に入ると次々と危機を迎えます。タイに始まった経済危機が韓国に飛び火し、更に連鎖反応を起こし他の国も危機を迎えるということで、それまで大変な自信過剰になっていた東南アジアの諸国が今度は反対に大きく自信を失っていくのでした。それに連関した形で東南アジア諸国は域外から幾つかの重大な挑戦を受け始めました。それは、それまで長年培ってきたアジアの土着的な、伝統的な価値への挑戦でした。それが九〇年代の後半の東南アジアの景色だったように映ります。

系統だった説明はなかなか難しいのですが、私が見るところ、まずははるか遠くのコソボで起こったことが東南アジアにどれほどの影響があったのかについて触れざるを得ません。コソボ問題の国際政治上の重大な意義は、一言で言うと、「人道的介入」（ヒューマニタリアン・インターベンション）といった新しい概念の登場です。ことの本質は、人権とか民主化とか、そういった価値は国家主権を超える、人権の前では国家主権は二義的であるという考え方です。「国家主権という概念を犠牲にしてでも介入せざるを得ないのだ」との発想が欧米の主流となり始めました。このコソボ問題が、東南アジアに及ぼした影響は少なくなかったと思います。

中国がそれについて最も反発したわけですけれども、中国大使館の爆破事件を別にしても、チベット問題とか、台湾とかデリケートな問題を抱える中国としては、コソボのようなことが自国で起こったらどうなるかということを真剣に考えざるをえませんでした。そして、この人権と国家主権の相克の問題が端的に東南アジアに適用されたのは東ティモール問題でした。東ティモールを巡る歴史的な経緯については、きょうは省略しますが、東ティモールがあのような経緯を経て独立へ向けて動くといったプロセスの中での域外国からの干渉というものは、それまで東南アジアが経験してきた外国からの干渉の中でも相当厳しいものでした。その結果、「人道的介入」に対して免疫力の無い東南アジアでは、ナショナリズムといいますか、アジアの土着的な感情を刺激し、反発や、苛立ちを強めることとなります。

そのきっかけの一つは、東ティモール事件に関連して、オーストラリアのハワード首相が「ハワード・ドクトリン」とマスコミに揶揄された考えを示したことでした。東ティモール問題の収拾に当たってのオーストラリアの役割について、ハワード首相が「オーストラリアはアメリカの代理人だ」という趣旨の発言をしたと大きく報道されたために、インドネシアを始めとするアジアの国民の中では、「オーストラリアはアジアの構成員ではなく西洋白人社会の出先なのか」といった反発が強まりました。オーストラリアというのは、それまで自分たちのアイデンティティというものは東南アジアにあるということで、何とか東南アジアと同化しようと努力を重ねてきたという最近の歴史があります。ところが九〇年代の後半になり、外交の舞台に出てきたことが無かったハワード首相が、東ティモール問題に対し、「白人社会の我々が、キリスト教徒をいじめるイスラム教徒に聖戦を挑む」といった姿勢で対応したため、アジアの人達の感情を大変に刺激したという訳です。

更に加えて、東ティモール問題が一段落しかかった時に、今度は国連の人権委員会が、東ティモールや西ティモールで起きている人権侵害についてはインドネシア人に任せっきりにせずに、国際的に調査をすべきだとの立場を固め、調査チームを結成して派遣をすることを決めましたが、このこともインドネシア人を刺激しました。インドネシアは自国の主権に係る問題ですから、自国で調査をすると主張したにも拘わらず、国際人権委員会がそういった声に耳をかさずに行動をとったことが、アジアのナショナリズムを強く刺激したのでした。

九九年の秋に国連総会がございました。私も外務大臣に同行してニューヨークに行きましたけど、そこでは、東南アジアの外務大臣が集まって、日本の外務大臣の前で不満を爆発させました。インドネシアのアラタス外相という普段は大変に冷静な人物が、怒りを露にして「白人社会はどうしてこんなに無神経に我々をいじめるのか。もう許せない」と声を震わせました。その後は、東南アジア各国の外相による、国連、西洋、白人に対する非難の大合唱です。フィリピンしかり、ミャンマーしかり、マレーシアしかりです。

このような激した雰囲気も、言ってみれば人権とか「人道的介入」といった概念そのものがアジアの価値観になかなかそぐわないといった背景があるのでしょう。アジアが世界の新しい潮流にまだ十分についていけていない。それが九〇年代後半の東南アジア地域の状況を知るにあたっての一つの断面だったと思います。

そういう場面で、我々日本人は半分心地よく、残り半分は大きな疑問が心をよぎるという複雑な思いになってしまいます。「日本しか頼る国はない」と言われれば、「頼られて嬉しい」と心の半分では思うのですけれども、同時に「しかしそうは言っても東南アジアの非アジア批判は不健全だな」とも思ってしまう。「この不健全さには危うさがあるな」と。九〇年代後半のアジア金融危機が起こった際、ＩＭＦを中心とした対アジア支援が、結果としてアジアの気持ちを踏まえずに強引に進められ、ＩＭＦに対する批判や反発が強まる、更に加えて、東ティモールを巡り、分離独立、人権とか国家主権の問題等について、非アジアの影響力が一層強まるとの危惧がある。そして東南アジア諸国全体での自信喪失が始まった。これらが重なり合った結果、アジア、なかんずく、東南アジアの中で非アジアに対する反感、反発というのが強まりましたが、これは今まで例がないほど強い調子です。このムードについては日本としても注意を払っておく必要があるでしょう。

東ティモール問題は単に東ティモールの独立に止まらない幾つかの波及があります。インドネシアの領土の一体性という問題については、東ティモール問題の発生以後、インドネシア国内の様々な地域の分離独立に跳ね返りかねない状況が起こり始めました。西端のアチエはインドネシアがオランダから独立して以来、独立志向の強い地方です。あるいは東端にあるパプア（イリアンジャヤ）も予断を許さない状況が発生しました。こういうことが頻発すると、周辺の国としても自国に飛び火しないかと気が気でないわけです。マレーシアはアチエに隣接しています。フィリピンにはミンダナオ島を中心に独立運動が従来からあり、これに飛び火する事を懸念します。ミャンマーは、一三五の少数民族を抱えていて、これをどうやって国家統一するかを最大の課題に据え、一〇年間取り組んできているわけですから、インドネシアの動きの波及は悪夢なのでしょう。一言でまとめるなら東南アジア諸国の間での「危険な連鎖」というものが起こりかねないとの懸念があることは注意すべきことでしょう。

もう一つ、東南アジア諸国の気持ちを揺るがしているイシューは、ＩＭＦを中心とするアジア以外からの支援姿勢についてです。伝統的なアジア独自の価値観を揺るがせにしかねない欧米流のやり口は、東南アジアにとってある種の不快感とともに受け止められた面があり、これが反射的に域内での結束要因として作用し、若干不健全な形で「非アジア対アジア」という二分法の視点が出始めている雰囲気があります。

(4) 世紀末――新たな役割の模索

しかしそうとは言っても、最近にいたり新しい動きも見られます。その一つには、やはりそういった中で今や新しい一〇カ国で組織されているASEANが、どうやって新たに結束して将来に向けて行動していこうかとの観点から、色々な模索が始まってきております。

そういった中で、私の見るところ、この地域には東南アジアが、東アジア全域までをも視野に入れながら結束を図り、活動を拡大していこうとする動きが具体的な形で出てきていると思います。

例えば、マレーシアのマハティール首相は、「東アジア通貨基金」構想というものを打ち立てました。シンガポールのゴー・チョクトン首相からは、東アジアで自由貿易地帯というものをつくり上げようといった構想も出てきております。この動きを受け、日本とシンガポールとの間では、昨年来、実現の是非は別として共同で研究活動を始めています。それから、ARFは、いまや東南アジアの域内にとどまらず、東アジア全域を視野に入れて議論を拡大・深化させてきています。それから、ASEANと日中韓という三国を結びつけた形での首脳レベルでのフォーラムも動き始めました。その枠組みの中で、今年から外相レベル、蔵相レベルでの協議も始まりました。

こういった一連の動きもここ数年の進展です。このような形でASEANの行く末を見通しますと、視野をより広くして、改めてアジア全域というものを見据えて結束し直そうといった動きが出てきているということなのでしょう。この大きな動きの今後の帰趨に注目する必要があろうと思います。直近の一つの試金石は、本年七月に開かれる一連のＡＳＥＡＮ関係の諸行事です。ＡＳＥＡＮ＋日中韓外相会議、ＡＲＦ、ＡＳＥＡＮ拡大外相会議が七月の最終週にバンコクで行われます。この一連の議論によりどのように二一世紀に向けて展望が開けるのかを注目したいと思います。

五、日本の東南アジア外交

（1）日本の役割

東南アジアが大きく変化した十年間ですけれども、その変動の中での日本外交は何だったのか。先ほど「『福田ドクトリン』が完成した後、一九九〇年代の日本外交は不在だったのではないか」と問題提起をいたしました。当時私は、冷戦構造下の八〇年代のＡＳＥＡＮは多様性を武器になかなか活況を呈していたと思っておりました。ところが、九〇年代に入ると、ＡＳＥＡＮは強みであったはずの多様性が足かせとなって、最近に至っては収拾がつきにくい状況になってきているとの感じがしてならないわけです。より具体的に指摘するなら、東南アジアでは八〇年代までは、発展形態も、発展のレベルもある程度似かよったＡＳＥＡＮというものが求心力を持って、インドシナ地域に対抗していたという時代だったと思いますけども、その後ベトナム、ラオスのような社会主義圏の国々がＡＳＥＡＮに加盟し、あるいは軍事政権のミャンマーも参加し、そして、とうとう東ティモールまでもがＡＳＥＡＮに加盟することの議論が始まった状況を見ると、これを全部一まとめにしてどうやってＡＳＥＡＮは連帯を維持していくのでしょうか。共通項を見つけ出すことが相当難しい時代に入ったとの感がします。

加えて、域内にハーモニーの保たれていた八〇年代と違って、九〇年代も後半にはいると域内の経済格差が歴然と見え始めてきました。新しく加入してきたカンボジア、ラオス、ベトナム、ミャンマーの経済レベルは、シンガポールやマレーシアと比較すれば比べようもないほどの大きな差があります。なにしろシンガポールのＧＮＰはベトナムの五百倍ですから、この実態をもってＡＳＥＡＮのアイデンティティがどうだこうだと一括りにすること自体がもはや難しい。その意味でＡＳＥＡＮはアイデンティティが喪失している状態に陥っていると思います。そういった中で機構としてＡＳＥＡＮとか、ＡＲＦとか、ＡＰＥＣとかの協力活動はできますけれども、実際に我々として外交を進めていくに当たり、往々にして、結局個別の国との関係を積み上げていかざるをえず、その結果必ずしも整合性のとれた外交政策がとりにくい局面が出てきます。

そういった中で日本外交として重視していることは、やはり東南アジア、ＡＳＥＡＮの中の域内の格差があることは必ずしもいいことではないので、域内の格差是正のための協力をする、あるいは、経済危機の経験から、ＡＳＥＡＮが必要だと再認識した人材の枯渇という課題に対して、人材養成支援を行う、これは「小渕プラン」と称されています。それから、市民社会の成長は世の必然ですから、市民社会を育てるための協力を強化する。

例えば、タイは八〇年代に見事に市民社会が育ちました。インドネシアがワヒド大統領の下でどこまで民主化を進展させるか、あるいは現在閉鎖的な体制下にあるミャンマーがどの位のスピードで民政移管に向けての動きを示すか、こういった流れの中で、市民社会の育成の助けとなる外交を進めていくことも日本外交の一つの方向性を示しています。

（2） 期待と現実

最後に、二〇〇〇年の現在、一九九〇年代を振り返ってみますと、冷戦終了後の楽観的な見方や期待感、当時構想していた新しい秩序の構築といった観点から見ると、必ずしも満たされなかったこと、裏切られたこと、うまくいかなかったこと等が幾つもあります。ことの重要性からは順不同ですが、一言だけそういった事に触れておきたいと思います。

まず第一に、ベトナムが期待したほどスムーズに育たなかったということです。私は、インドシナはタイとベトナムが中軸的な役割を果たし、その上に拡大ASEAN、東南アジア体制が築き上げられることこそが、この地域の平和と安定、そして日本にとっても重要だと考えておりましたが、残念ながらベトナムは、こういった期待に十分応えてくれなかったのではないかと受け止めています。勿論、ベトナムは集団指導体制の下で、改革・開放政策を進めていますけれども、ベトナムとしても自分たちが期待したほどの発展を遂げなかったと内心思っているのではないでしょうか。これは一つの誤算でした。

第二に指摘すべきは軍事政権下のミャンマーでの民主化プロセスの遅れです。ミャンマーでは一九八八年にクーデターが発生し、一九九〇年の五月に総選挙を実施したわけですが、その後軍事政権は、その総選挙の結果を反古にして、実権を掌握したまま今日に至っています。一方ではミャンマーの軍事政権の人たちの説明にはうなずける一面もあります。「自分たちは過去に植民地支配を受けた轍は絶対に踏みたくない、そのためには国家の統一が大事で、そのためには一三五ある少数民族との和解ができなければならない」と。軍事政権は「この和解ができれば国家の統一が完成するから、もうちょっと待ってください」と説明します。これは確かにそうなんです。過去の苦い経験を生かして、民主化、人権より前に、とにかく国家の統一。その目標に向けて真剣に努力している。ミャンマーでは時間のスピード感が違うようです。我々が一日と思っているところが、ミャンマーでは一年ぐらいの感覚で見ているかのごとくで、時間の感覚が我々と違う。しかし冷戦終了後、外界ではお構い無しに相当のスピードで世界的な変化が起こっている。ＩＴ分野でのデジタル・デバイドのようなことが、国際政治の分野でも起こっています。ミャンマーはこの抗し難い流れについて行けない。

第三に、東南アジア域内の格差がこれほどまでに拡大するとは、我々も予想していませんでした。我々は一九九〇年代の初めに、メコン川流域の開発とか、インドシナ総合開発とか、新しいイニシアティブを打ち立てました。これはカンボジアの和平の工作をするのと、それから、いわゆるＰＫＯをカンボジアで展開するのに加えて、あの地域全体を底上げしなければいけないということで、国境を越えて域内の総合開発というアイディアを世に問いましたが、実際に進めていくと参加国それぞれの思惑が違うため、なかなか協力が進まないといった状況が起こります。その結果として、実質的な協力の進展は当初の狙いの様には進んでいない様子です。今年の七月のＡＳＥＡＮを中心とする一連の協議の中で、メコン川流域開発、域内総合開発がどうなるかは一つの注目点です。

第四に日本のＰＫＯ活動について一言申し上げたいと思います。振り返りますと、カンボジア和平がなり、実質的に第一弾のＰＫＯがカンボジアに派遣され、全体として成功を収めました。しかし、昨年夏以後の東ティモールにおける一連の動きの中で、日本は人的貢献ができませんでした。東ティモールではいわゆるＰＫＦ活動が重要でしたが、日本はこの部門での活動については、国連平和協力法の条文上では規定されていますが、その実施については「凍結」されたままとなっています。その結果、人的支援は見送られましたが、この機会をとらえて、日本国内でＰＫＦの凍結解除に関する議論が盛り上がらなかったのは残念でした。

五番目には、カンボジアの和平のときでも湾岸戦争のときでも深く思いを致したことですが、それは国連の安保理事会（Ｐ―５）の常任理事国に日本がなりたいとの願望です。私の本（『和平工作』）にも触れておりますが、あのとき日本がＰ―５のメンバーだったならば、もう少し日本も活躍の場があったろうとの思いは、私個人としても大変強いものがありました。そういった次第ですから、この一〇年間の激変の時代の中で、何とかＰ―５のメンバーになれないものかと、日本政府も色々な外交活動を展開してきておりますが、まだめどが立っていない状況です。

六、終わりに

事ほどさように日本外交を見る上で東南アジアという地域は大変いい舞台です。ここを舞台に様々な外交政策が試される。日本の歴史を振り返っても、いい意味でも悪い意味でも、日本の積極外交の舞台は必ずアジアでした。

総括的に振り返りますと、九〇年代の日本の東南アジア外交というのは、それまでの時代から大きく質的な転換を図り、この地域に深入りを果たした時代だと思います。

政治、安全保障の分野では例えばカンボジアの和平プロセスへの日本の深い関わりがありました。冷戦が終わり、日本がいち早くその辺の風を読み取ったということかもしれません。一九九一年のASEAN拡大外相会合の際に、日本がARFの先駆けとなるアイディアを示した時には、関係国の間で強い関心をよんだわけではなかったですが、その三年後に、同じASEANの外相会合の場でARF創設決定という形で実現するわけです。そういった形で日本は政治、安全保障面で積極的な外交を展開しました。その結果引くに引かれぬほどの関係に自らを追い込んでいったという事があるでしょう。

経済の分野でも、一九九〇年代後半の経済危機の際、日本政府はいわゆる「新宮沢構想」を提示し大量の資金援助を約束し、かつそれを忠実に実行しました。その後今度はそれをフォロー・アップする形で、今は亡き小渕総理が人材養成の重要性を訴え、「小渕プラン」を提唱した訳です。今、東南アジアでは著名な日本人の名前は何といっても「ミヤザワ」であり「オブチ」です。

それほどまでに「新宮沢構想」や「小渕プラン」は大きなインパクトがありました。「苦しい時に日本が支援してくれた」ということです。これらは大きな一例ですが、九〇年代全体を見ると、政治安全保障でも経済でも、日本が質的な転換を図り、その過程で年を重ねる毎に、日本がこれまでに増して頼れる国だと思われるようになった時代だったと思います。

最後に一言。九〇年代を回顧してみますと、日本の外交は、中国の影響力の拡大の流れの中で、中国と様々な側面で競い合いが強まった一〇年だったという要素を、付け加えて申し上げておきたいと思います。やはり東南アジアにおけるアメリカのプレゼンスは、地域の安定の前提条件です。その中で中国の影響力が拡大することへの心理的な影響は少なくありません。タイとか、カンボジアとか、ベトナムといった中国の近隣の国家にとって、中国の存在は無視できません。東南アジア全体として、中国の進出に対するある種の危機意識が、日本のプロアクティブな外交と交錯して、日本の重要性というのを再認識したという側面があるのでしょう。逆に中国から見れば、日本の東南アジアを舞台とした外交活動にいろいろ複雑な思いがあるものと想像します。いろんな形で中国は東南アジアを舞台に日本とせめぎあいをやっていると思います。

これは裏返して言うと、日中関係の余波が東南アジアに及ぶといった側面もあります。九〇年代の日中関係は、一九九二年の天皇陛下ご訪中をピークにして、以後それまでに比して厳しい時代に入っていきました。一九九五年の中国の核実験の問題、歴史認識の問題等々をはじめとして、最近もいろんな問題で日中間がぎくしゃくする場面が少なからずあります。そして地域情勢全体に関わる大きな火種という意味では、台湾問題があります。本年三月、陳水扁が「総統」に選ばれて、台湾海峡の問題は、改めて日中間の大きなイシューとなりました。東南アジアも、台湾海峡を巡る動きの余波が、東南アジアに何をもたらすかには注目して見ています。そういった状況ですから、日中関係というものが東南アジアを見るに当たっての重要なエレメントだと思います。

以上、本日は朝鮮半島の話から入って、最後は中国の話になりました。私なりの一つの結論ですが、東南アジアを見るときには、もはや東南アジアだけを見ていてはいけない。冷戦後、東アジア地域が全域的にインターアクティブになっていますから、日本もそういった目で東南アジア外交を取り進めていかなければいけないし、東南アジアの将来も、実は北東アジアの平和や安定と無関係ではない。そういう意味で、やはり世界は小さくなり、アジアも小さくなってきていると、そういうふうに思います。

（司会）　どうもありがとうございました。せっかくの機会ですので質問がある方はどうぞお願いいたします。

（Q）アジア通貨危機の原因の一つですけれども、基軸通貨であるドルに依存してきたということの反省から、東南アジアの各国が、日本と経済的に近づくということの重要性がわかってきていると思うのです。EUの動きもありますし、日本も東南アジアを重視する姿勢が大切だと思いますが……。そしてマハティール、あるいはゴー・チョクトンの経済政策をどのようにお考えでしょうか。

（A）見るべき視点は、今のご質問のとおりです。アジアを重視、東南アジアを重視する姿勢というのは、強調しすぎることはないですが、常にコインの裏側には、若干不健全な東南アジアの非アジアとの対立というエレメントがあるわけです。したがって、日本の頼られ方ですが、太平洋を分断する、いわば欧米と切り離した形でのアジアの将来を発想して、東南アジアの一部の国が自己の実力を過信することは危険でしょう。実際には東南アジアで冷徹に世の中を見ている人は、日本も大事だが、最も大事なのはアメリカの存在だと考えています。そして中国の拡大する影響力のバランサーとしての日本の役割をわかっているのです。アジアを重視しすぎることはないのですが、その場合常に戦略的な発想を持ち合わせておくことが重要だと思います。

通貨の問題は、門外漢ですが、もちろんマハティールのように、ＩＭＦを相手にせず、自分たちだけでやるというやり方もありますが、果たしてどうでしょうか。やはり国際通貨体制自体を将来に向けて、改善して行く必要が有ります。この流れを無視してアジアだけの経済圏というわけにもいきません。むしろ逆に心配すべきは、いまやヨーロッパの中でのアジアへの関心が弱まりつつある現在、欧州をどうやったらアジアにひきつけていけるかを研究することも必要だろうと思います。

（Q）朝鮮半島についてお聞きします。私の狭い視点から見ていまして、日本の政治といいますか、外交としては、北朝鮮に対しては手も足も出ないような状態が続いているような感じがしているのですけれども、その点いかがなものでしょうか。

（A）北朝鮮、あるいは朝鮮半島の将来について、私は若干冷めた見方をしておりまして、南北がこれで統一をするかといったら、「するでしょう、但し二〇年後に」とお答えするでしょう。「緩やかな連邦制」というものが実現するにも、やはり少なくとも数年はかかる話かもしれません。朝鮮半島の統一のプロセスは大変長いと思います。

今回明らかに北朝鮮は扉を開きました。経済協力も進めようということですが、果たしてこの扉をどこまで大きく開くかはまだわかりません。今のところ開く姿勢を示したばかりです。果たしてどこまでこの扉を開くのかは未知数です。今の体制が崩れることは今の金正日体制の下で想定していないわけですから、自分たちの体制が崩れない範囲でどこまでドアを開くのかは注目点です。現在の朝鮮半島を巡る状況は、ユーフォリアというか、ムード先行ですから、ここは若干冷静に見なければいけないと思います。

今回の南北首脳会談に至る経緯を考えますと、やはりここ数年来の日本と韓国とアメリカの間の連携が大きかったと思います。北から見れば日米韓を分断しようとしても上手くいかない、日米韓が連携しているため、それぞれとの関係を改善させていかないことには埒があかないということを理解したのも、このいわゆる「ペリー・プロセス」の成果だと思います。南北を進めないと日朝も進まない。進まないと経済協力も入ってこない。米朝を進めなければ、南北だって進まない。こういうことがわかってきたと思います。

なお、日朝国交正常化交渉ですが、色々なご叱責、ご批判があることを承知していますが、一言で申し上げますと、粘り強く取り進めていきたい、ということです。

（Q）　台湾は中国にとっても大きな問題ですけど、今後こういう状態がどういうふうに進むのでしょうか。

（A）　台湾海峡の問題は二つの説明ができると思います。一つは、関係者全てが理性的に行動する場合。関係者といった場合、江沢民主席、陳水扁「総統」、アメリカ大統領なども含まれるわけです。そこで、全ての当事者が合理的な判断をするということであれば、誰から見ても現状の変更は極めて難しいということだと思います。もはや台湾には民主化が定着しているわけですから、中国の体制に台湾の住民が戻る意思を示すことはないでしょうし、逆に中国の民主化・開放化が現在の台湾のようになるのにはあと何十年かかるかというお話でしょうから、結論的には現状維持以外に、選択肢が無いということだと思います。

ただし、二つ目に申し上げておきたいことは、台湾を巡る問題の危険性は、指導者が理性的でない判断をする余地が常にある、ということです。時の中国の指導者が何としても台湾の統一を成し遂げたいと強く思いつめたらどうなるのだろうか。台湾の指導者が、台湾住民の八割が今の現状を満足しているにも関わらず、何かの理由で独立をより強く主張する場合どうなるのだろうか。北京の反応次第では、大変危険な状況を生み出す恐れもあります。そして、仮に台湾海峡で軍事的緊張が高まった場合、アメリカがどういう立場を取るか、どういったシグナルを示すかが次の次の危険性としてあると思います。これは日本の安保体制のあり方にも直接跳ね返ってくる問題です。

この問題は、日本も、アメリカも、中国政府、台湾当局双方に対して説得をし、理性的な対応を求めることとなりますが、間に立ってこの問題の平和的な解決に向けてすべてを取り仕切るだけの実力は日本にもアメリカにもありません。したがって、今申し上げた不安定要素は、少なくともここ数年は消え去ることはないということだとおもいます。

執筆者紹介（掲載順）

白石　隆（しらいし　たかし）
京都大学東南アジア研究センター教授　国際関係論
一九五〇年生まれ。一九七二年東京大学大学院国際関係論修士課程修了、一九八六年コーネル大学 Ph. D.
主要著作に『海の帝国―アジアをどう考えるか―』（中央公論新社、二〇〇〇年）など。

金子　勝（かねこ　まさる）
慶應義塾大学経済学部教授　財政学・地方財政論
一九五二年生まれ。一九八〇年東京大学大学院経済学研究科応用経済学専攻博士課程修了。
主要著作に『反グローバリズム―市場改革の戦略的思考―』（岩波書店、一九九九年）など。

友田　錫（ともだ　せき）
亜細亜大学アジア研究所教授　国際政治・国際関係論
一九三五年生まれ。一九五八年早稲田大学仏文科卒業。
主要著作に『裏切られたベトナム革命―チュン・ニュー・タンの証言―』（中央公論社、一九八一年）など。

藤原　帰一（ふじわら　きいち）
東京大学大学院法学政治学研究科教授　国際政治・東南アジア政治
一九五六年生まれ。一九八四年東京大学大学院法学政治学研究科国際政治専攻博士課程中退。
主要著作に『戦争を記憶する―広島・ホロコーストと現在―』（講談社、二〇〇一年）など。

リチャード・クー（Richard Koo）

野村総合研究所主席研究員　マクロ経済・国際金融

一九五四年生まれ。一九八一年ジョンズ・ホプキンズ大学大学院政治経済学研究科博士課程修了。

主要著作に『日本経済　生か死かの選択—良い改革悪い改革—』（徳間書店、二〇〇一年）など。

河野　雅治（こうの　まさはる）

外務省在ロス・アンジェルス日本国総領事館総領事　日米関係・アジア外交

一九四八年生まれ。一九七三年東京大学法学部卒業。

主要著作に『和平工作—対カンボジア外交の証言—』（岩波書店、一九九九年）など。

変わる東南アジア
——危機の教訓と展望——
地域研究講座

平成14年3月31日発行

編　集　慶應義塾大学地域研究センター
代表 © 国　分　良　成
東京都港区三田2—15—45
発売所　慶應義塾大学出版会
〒108-8346　東京都港区三田2—19—30
電話　03（3451）3584
振替　00190-8-155497

印刷　総印

落丁・乱丁はお取替えいたします。
ISBN 4-7664-0904-3